韭菜的自我修養

笑看主力陷阱的散戶防割指南

《通往財富自由之路》最強續作

幣圈傳奇 李笑來 ／著

目錄

前言

　　這一本小書，最終取名為《韭菜的自我修養》，實在是迫不得已。「韭菜」這個詞，我原本是根本不會使用的。但，在書名裡用了，為什麼？

　　之前有一段我和別人私下談話被偷偷錄音，然後被流傳出去。錄音裡跟我對話的人多次提到「韭菜」怎樣怎樣，但是我卻完完全全沒有說過「韭菜」，更沒有所謂的「割韭菜」。

　　但結果是網路上瘋傳文章，大部分都使用了駭人聽聞的標題，變成了李笑來「割韭菜」，因為寫那些文章的很多人根本就沒有真正聽完錄音，可能只是憑網上流傳的所謂逐字稿就全盤曲解我談話的內容，或者把別人說的話賴在我身上。在這些文字的描述下，李笑來簡直變成「全民公敵」——而所謂「李笑來的所作所為」按照某些文章的說法，已然是「印證了長期以來外界對區塊鏈的最黑暗的猜測」——不過，這些都不是真相。真相是什麼？

真相是，原本李笑來從來不用「韭菜」這個詞。過去十多年來，經常閱讀我的文章的人、聽我演講的人、買我書籍和專欄的人，都知道我有個習慣：

┃　　我會不斷釐清自己的概念。

　　李笑來絕不使用自己認為「沒必要存在的概念」—— 在此之前，我認為「韭菜」就是這樣的一個概念。什麼是**韭菜**？難道賺了錢的都是「大戶」，賠了錢的都是「韭菜」？如果是這樣理解，那麼這個概念實在是太亂了。難道新手就一定是「韭菜」？新手賺不到錢的機率比較高，不過，既然指代的是同一個群體，用這兩種概念的意義除了好玩之外還有什麼呢……那「韭菜」的定義究竟是什麼？在不清楚一個概念的定義究竟是什麼之前，我是不會把那個概念放在腦子裡的。當然更不會使用。所以，在那一段所謂被曝光的錄音裡，長達五十幾分鐘的時間裡，我一次都沒有提到過「韭菜」，更別提「割韭菜」這三個字了。

　　想來想去，網路社群本身對李笑來本人也沒

有什麼惡意，它絕對不是蓄意「不辨真偽不論善惡全文記錄難以正本清源」的，它就是那樣的一種東西，不偏不倚，這跟我們正在著迷的概念「區塊鏈」一樣，也跟我這一生著迷的概念「時間」一樣。

我自己能做什麼呢？我想來想去，我能寫這樣一本小書，把我的認知、我所知道的真相寫出來；並且，主動使用這個「惡意」的標題——讓更有價值的思考、更有價值的觀察、更有價值的真相散播得更廣。

對於喜歡本書內容的讀者，我有一個請求：

> 如果您覺得這一本小書裡，李笑來的所思所想對您有所幫助，那麼請您四處轉貼、引用。

注意：不只是自己看，自己貼文，也要「四處」轉貼引用；並且，一定要使用《韭菜的自我修養》這個標題！感謝！

我想過幾個原本可能的書名：

> ● 韭菜防割指南

- 韭菜與鐮刀
- 小韭菜如何成長
- 新韭菜必讀手冊
- 韭菜也可以佛系
- ……

不過，到最後，我發現，還是帶著「韭菜」這個字眼的「自我貶低書名」最可能廣受歡迎……

警告

如果您沒有「一字不漏的完整閱讀能力」的話，我建議您不要讀下去了……因為以下的內容，看起來簡單明瞭，可是，對於那些「習慣性忽略大範圍文字」，且「習慣性隨意組織部分內容」的閱讀障礙症患者來說，本書太容易產生詭異的誤會了。

OI
大家所說的「韭菜」究竟是誰

你到底是不是一根韭菜呢？這還真的不好說。

因為「韭菜」的準確定義究竟是什麼，很少有人能說得清楚。然而，從人們經常的造句，能看出「韭菜」一般指交易市場中**勢單力薄的散戶**。比如，「我是一根新韭菜」，或者，「他們都是老韭菜」。與「韭菜」相對的，是「莊家」，一般指交易市場裡**財大氣粗的大戶**。

交易市場裡，有人賺錢，有人賠錢……不過，一般來說在人們的印象裡，「韭菜」大多數情況下是賠錢的，而「莊家」看似一定是賺錢的，因為他們「應該有很多不為人知的割韭菜手法」……

詞語之間常常是有固定搭配的，有些搭配存在，就說明人們普遍能夠理解那種搭配，現實裡也確實存在，例如，「好人」這個詞前面，就可以有「堅強的」和「脆弱的」；而其他種搭配是幾乎不存在的，因為在人們的理解之中，那種搭配在現實世界裡根本就不存在，例如，「壞蛋」前面的形容詞很難是「善良的」。

　　與「韭菜」搭配的詞，是「割」或者「被割」。「割」這個動作理論上應該是「韭菜」的對立者（所謂的「莊家」）做出的；而「韭菜」則是經常「被割」……你幾乎看不到有人說這種句子：「**我這個韭菜把大戶給割了！**」—— 如果真的有人這麼說，那一定八成是吹牛吧。

　　隨著時間的推移，有人只不過是從一根「新韭菜」變成了「老韭菜」—— 意思是依然不賺錢，依然「在被割」……而另外一些人，雖然曾經是「新韭菜」，不過，他們後來再也不是「韭菜」了，偶爾也說「我也是一根老韭菜」，但那只不過是開玩笑而已，或者是為了「友善地謙虛一下」……為什麼呢？在人們的普遍心理之中，即便不是所謂的

「大戶」，只要真的賺到錢了，那就不再是「真正的韭菜」。

於是，我們可以從人們的常用語境裡，得出基本上還算準確的定義：

> 所謂的「韭菜」，指的是在交易市場中沒賺到錢甚至賠錢的勢單力薄的散戶。

這麼看來，作為一根「韭菜」，想要成為「非韭菜」（不一定是所謂的「大戶」，或所謂的「莊家」），任務很簡單啊：

> 賺到錢……

只要賺到錢了，你就可以看似謙虛地講話了：

……其實我也只不過是一根老韭菜而已啦！

這樣說的時候，你是很善良的，你是很體貼的，你很懂得照顧他人的感受——那些沒賺到錢的人，見到你這種已經賺到錢的人，如果沒有你這種「虛偽」來安撫他們那脆弱的心靈的話，內心會更

崩潰的。從另外一個角度講，你不僅善良體貼，你還特別擅長保護自己，因為你若是沒有這一點「虛偽」的話，真的會有很多人恨你，甚至想要幹掉你——就好像長期以來李笑來所面對的那樣。

雖然「韭菜」這個詞的定義，其實準確的程度還不是很令人滿意，但是，讓我們先將就著用一段時間吧。

另外，補充一個所謂「韭菜」的常見特徵：

他們嚴重缺乏最基本的閱讀能力。他們是那種一輩子買東西都不讀使用說明書的人，他們是那種無論拿到什麼，都要問別人怎麼用的人……這種人其實很常見吧？

02

「韭菜」的宿命從那一刻開始

「韭菜」之所以是「韭菜」，絕大多數情況下
只不過源自一個相同的原因：

| 他們一進場就開始「買買買」！

2011 年 3 月初，我在 twitter 上第一次見到
Bitcoin 這個詞之後，幾乎天天被它嚇到。第一次
看新聞標題的時候，說它在二月份剛剛超過 1 美
元！結果那才過了幾天啊，就已經一塊五了……等
我四月底把帳號弄好開始動手的時候，已經 4 塊多
了……然後開始買買買，等我買完第一批 2,100 個

的時候，均價竟然是 6 美元……還在漲！然後，到了六月初，最高漲到 32 美元！這才拿在手裡多久啊！才一個月多一點，收益竟然比 5 倍還多！

嗯，就這樣，我成了一根人們口中常常提到的「韭菜」——為什麼呢？因為接下來的時間裡，二十多個月之後，那些「高位接盤」的「韭菜們」，包括我，才「解套」……中間那麼久的時間裡，一路緩跌，比特幣價格最低甚至突破了 1 美元，對於那些最高價買入比特幣的「韭菜們」來說，資產一度縮水 97％！嗯！我是個散戶，我一進場就買買買，而後我的資產一直在縮水，我就是一根「韭菜」。

交易市場裡有很多讓人特別生氣的定律，比如：

一旦你需要用錢的時候，市場就會大跌！

看起來沒有邏輯支持，所以你可以暫時不信，但你一定會體會到這個定律的魔力。

對所有新手來說，這個定律幾乎永恆不變：

- 你一買，它就開始跌；
- 你一賣，它就開始漲……

簡直氣死人了！

為什麼會出現這種弔詭的情況呢？因為，每一次行情結束的根本原因是「入場資金枯竭」。換句話說，當連路口賣茶葉蛋的阿婆都在討論股票的時候，那麼股市的「入場資金」已經到了枯竭邊緣……你想啊，連你這個完全狀況外的人都知道了，準備衝進來賺錢的時候，那交易市場的行情是不是已經到最高點了？

所以，2011 年 5 月，當李笑來這個完全狀況外的外行人都從新聞聽說比特幣，並且開始不斷買入的時候，那一波比特幣的行情就已經到頂了。到！頂！了！所以，才過了一個月之後，就進入了漫長的熊市。

所以，對新手來說，有兩句話很重要。第一句是個永遠正確的敘述，第二句是所有老手都希望自己當年曾被人提點的建議（如果當年有人這麼教導我就好了！）：

- 連你都開始進場的時候，牛市就要結束了；
- 你就應該乾瞪眼，什麼都不買……直到熊市，等到大家都在問候長輩時，再開始買買買！

其實，一開始就錯了，這種事情並不是很罕見，恰恰相反，這是非常普遍的現象！你想想吧，就連我們的人生都非常不嚴肅……崔健在歌裡就拿這件事情開玩笑過：

（忽然來了一個機會，空空的沒有目的）——就像當初姑娘生了我們，我們沒有說願意……

我們的人生充滿著荒謬，所以，清醒地認識到自己生活在一個荒謬的世界，對自己的健康成長有巨大的幫助和巨大的現實意義。

03
亡羊補牢的「韭菜」才有前途

我猜，你跟我一樣，剛剛進場之前，沒有遇到一個人像李笑來一樣告訴你那兩句最重要的話。於是，你和我的境遇也一樣，興奮沒多久就發現自己進入了似乎永遠無法逆轉的窘境。

交易，原本是人類社會中最本質、最普遍的行為。可惜，也不知道為什麼，幾乎全球所有的基本教育、高等教育都默認它不是一門必修課程——於是，一代又一代的人有著一樣的命運，前仆後繼地「亡羊補牢」。

可惜，很多「韭菜」只有一隻羊，所以，從來都沒有過「羊牢」，所以，他們的羊死了就死了，

「補牢」這件事對他們來說是完全不存在的機會。

於是，你跟我一樣，一進場就犯了一個大錯，我們不知道牛市即將結束，激動地「買買買」，完全不管那是被牛市打了激素而虛胖的價格，我們看著眼前的「利潤」甚至覺得連自己的智商都在狂漲⋯⋯然後，然後就被「套牢」了⋯⋯怎麼辦？

環顧一下四周，你就恍然大悟了。還有一個比「一進場就買買買」更可怕的錯誤！是什麼呢？就是：

一進場就把自己的錢花光了！

當然，還有更可怕的，就是「一進場就連借來的錢都花光了」！人越窮，賺錢的欲望就越強烈，所以常常不惜鋌而走險。很多新手就這樣給自己挖好了陷阱，綁好了上吊繩，他們不僅把自己僅有的一點錢在交易市場裡花光，還要「加上槓桿」，借錢「投資」⋯⋯結果呢？很慘。

如果你運氣好，那你會像我一樣有翻身機會：

雖然被套住了，但依然有錢可以慢慢花，於是，在其後漫長的熊市裡，依然有機會降低成本建倉。

所以，「亡羊補牢」是有前提的：

- 你有的不僅僅是亡掉的那一隻羊；
- 除了牠之外，你最好還有很多隻羊；
- 因為你有很多隻羊，所以你曾經建過「羊牢」；
- 所以，你雖然「亡羊」了，但還有機會去「補牢」；
- 所以，一旦「牢」補好了，你可以養更多隻羊；
- 所以，最初的時候亡掉的一兩隻羊，對最後結果的影響可以忽略不計。

所以，「亡羊補牢」的「韭菜」最應該做的是什麼呢？很簡單啊：

- 還有錢的話，就慢慢買進；
- 錢不夠的話，就在場外拚命賺錢。

04

交易者們最應該掌握的能力

　　在我看來，這世界上很難有哪一個地方比交易市場更需要學習能力了。幾乎一切交易的成功，最終都可以追溯到學習能力上來。幾乎所有的最強的交易神人，都是學習和研究的高手。

　　人們常常用短期和長期來區分「投機」和「投資」，這是很膚淺的。投機也可以很長期，正如投資也可以很短期一樣。人們認為投機懷有貶義，而投資懷有褒義，也是普遍錯誤而又膚淺的想法。你說「失敗的投資」和「成功的投機」，哪一個更好呢？所以，使用「長期」或者「短期」來定義的概念，無論是「投機」還是「投資」，都不是我會使

用的。

　　我個人是這樣區分投機者和投資者的：

┃ 投機者拒絕學習，投資者善於學習。

　　交易之前，認真研究，深入學習；交易過後，無論輸贏，都要總結歸納，修正自己的觀念和思考，以便完善下一次的決策——這麼做的人，在我眼裡都是投資者，哪怕他們是「快進快出」。

　　「韭菜」是什麼樣子的呢？他們不學習，他們不研究，他們目光如豆，他們怨天尤人……這樣的人，在我眼裡無論有錢與否，無論智商高低，都是「失敗的投機者」。

　　從 2011 年開始到現在，一轉眼 7 年過去，我見過無數為了比特幣也好、區塊鏈也好而瘋狂的人，可是，究竟有幾個人真正讀過比特幣的白皮書呢？又有幾個人不但讀過，還讀過很多很多遍，並且會時不時拿出來重新看一遍的呢？大多數人在比特幣上沒賺到什麼錢，真的不怪比特幣，只能怪他們自己，為什麼呢？他們甚至實際上並不知道自己

手中正在買賣的究竟是什麼！

　　如果你發現自己必須向別人諮詢，或者必須
「打探小道消息」才能決定交易的方向，那麼說明
你果真就是一根所謂的「韭菜」，因為你全然不懂
自己正在做的交易……如果這個時候，你竟然不自
己去學習，自己去研究，不希望得出屬於自己的結
論，那麼，你甚至就是一根「沒有修養的韭菜」。

　　亡羊補牢，這個詞中的「牢」，其實最終就是
你的「觀念庫」、「知識庫」、「決策機器」。

　　「在牛市的尾巴進場」，是絕大多數人的宿
命，沒什麼可以抱怨的，又因為是既定事實，所以
也沒有什麼辦法去逆轉。然而，因為無知進場，又
因為無知退場，這是最淒慘的結局。雖然是因為無
知進場，但正是因為已經經歷了無知的下場，所以
選擇玩命把自己變成一位有知者——這才是明智的
選擇，不僅明智，也才是強者的選擇。

　　做一個強者。這是所有優秀交易者的信仰。也
應該是一個「新手」，或者「新韭菜」必須樹立的
觀念，只有這樣，將來才不會「依然是一根韭菜」。

　　熊市裡除了在場外賺錢買進之外，還能做什

麼？學習啊！至少要開始鍛鍊學習的能力。

　　不知道學什麼？接著讀下去，認真讀，一個字也不要漏掉。反覆讀，至少你能學會一些你原本不可能理解的思考方式與思考結果。於是，你從此改變了自己的思考方式。思考帶來決策，決策帶來行動，行動改變命運——這是最大的實話。

05

擺脫「韭菜」宿命的一個觀念

　　所有人都要對自己的遭遇做出一個清楚的解釋——不是給別人的解釋，而是給自己的解釋。這就是為什麼人們常常要「討個說法」。如果，對自己的遭遇無法解釋清楚，就會非常非常難受。

　　在醫院裡，每一個得了絕症的患者，都要經歷一段痛苦的「自我解釋」時期。「為什麼生這種病的偏偏是我?!」這種自問非常痛苦而且非常艱難。雖然這可能明明是一個機率問題，但，「為什麼偏偏是我?!」反映的是每個不幸者的不甘。

　　讀國中的時候，你也可能觀察到這種現象。班上有些長相醜陋的女生，對「自己從未收到過情

書」的解釋會是這樣：「我可不是那種人！我才不像那些狐狸精……」雖然旁觀者清，但她們自己卻對自己的解釋深信不疑。然而，這樣的解釋真的除了能讓自己舒服以外，一點副作用都沒有嗎？事實上，副作用有非常多，例如，除了讓自己違背真實之外，甚至她們可能為了讓這種扭曲的解釋更站得住腳，會不惜用各種手段去折磨、誣陷那些她們口中的「狐狸精」，就算那些「狐狸精」只不過是長得更漂亮，除此之外其實一點錯都沒有……當然，或許更糟的是，並且她們自己可能永遠不知道的是，正因為她們實際上的扭曲，所以她們將來找到的另一半，也一定是扭曲的。

「韭菜」們最大的共識是什麼呢？據我觀察，所有的韭菜都認同一個實際上錯誤的觀點：

所謂的交易，是一種「零和遊戲」。

也就是說，他們相信自己賺到的錢，是別人賠掉的錢；或者反過來說，他們自己賠掉了多少錢，一定被別人賺走了同樣金額的錢。

這就很矛盾了。當這些「韭菜」憤怒地罵著「割韭菜的傢伙們」的時候，他們本質上在氣憤的是什麼呢？這樣看來，他們真正恨的，並不是他們口中的「割韭菜」；他們真正恨的，邏輯上來看，只能是「為什麼割韭菜的不是我？！」。如果有機會「割韭菜」，他們一定不會手軟，因為這是他們認定的「零和遊戲」，所以，誰都是韭菜，誰的命都一樣：要不是當韭菜被割，那就是割別人的韭菜。

　　他們錯在哪裡了呢？

　　他們全然忽視了交易市場裡最大的一個作用力：經濟週期。或者通俗一點的講法，就是牛熊交替。

　　在牛市裡，絕大多數人都賺到錢了，少數人賠掉的金額，與那麼多人賺到的總數相差甚遠；哪裡有韭菜被割了？在熊市裡，絕大多數人都賠錢了，大多數人所賠掉的總金額，是少數人賺到的總額的無數倍，又是誰在割韭菜？

　　所以，這根本就不是「零和遊戲」！

　　事實上，在牛市的尾巴上，無論是誰，買到的都是打了激素而虛胖了的價格；在熊市的尾巴上，

無論是誰，買到的都是骨瘦如柴、嗷嗷待哺的價格。

公開的交易市場上，沒有人能拿著槍逼你交易，每個人都是自願的……可是為什麼自願買的時候歡天喜地，後面就開始哭天喊地了呢？我們需要一個解釋。對，我們每個人都需要給自己一個清楚的解釋，用來解釋自己所面對的尷尬。

你是想要一個正確的解釋呢，還是想要一個讓自己感覺舒服的解釋？

正確的解釋，會引發你下一步正確的選擇和行動。而讓自己舒服卻一定不正確的解釋，除了會讓你短暫舒服之外，因為它不是正確的，所以一定只能帶來各種「出乎意料」的副作用……你到底要哪一個解釋？

正確的解釋很簡單：

我們買入的時機錯了。

牛市的時候，雞犬升天，不管多差的標的，都有可能繼續暴漲；熊市裡，死氣沉沉，有時好的資

產反而跌得更狠⋯⋯

「**時機錯了**」是最本質、最合理、最富有教育意義的正確解釋，甚至應該是唯一的合理解釋。

另外，稍稍成長了一點的你，從此就領悟了：以後，絕對不要參與任何零和遊戲——因為這比賭博還浪費時間！（要知道，在現實裡，公平的賭博其實是不存在的，為了保證公平，或者說，以公平為手段，所有的賭場都設計了莊家優勢。）

　韭菜的自我修養

06

「韭菜」缺乏禮貌的根本原因

因為「韭菜」們相信自己正在玩的是一個「零和遊戲」，所以，他們幾乎在進場的第一時間就變成了另外一個物種。你仔細觀察一下，這種描述完全沒有玩笑的成分：

> 空軍（賣家）和多軍（買家）擦肩而過，各自心裡暗罵對方一聲傻瓜……

為什麼注定了要互罵一聲「傻瓜」呢？因為這是零和遊戲，所以：

- 兩個人必然有一個是傻瓜；
- 我這麼聰明，傻瓜只能是你！

一切的禮貌與修養，本質上來看全都是深度思考的產物，跟說不說髒話沒關係——正如我們先前發現，用「是否學習」來分辨投機者和投資者更準確的道理一樣。

一個人如果思考錯了，或者思考方式錯了，那麼就會瞬間變成真正的粗俗之人。參與真正的零和遊戲的人，拚的是「我比對方強」，贏了想怎樣就怎樣，但「輸了要認」。可是，那些把非零和遊戲當作零和遊戲玩的人，完全不知道自己從一開始就錯了，所以，他們的下場幾乎只能如下：

- 原本可能還有一半的機率會贏；
- 但因為理解錯誤，所以輸的機率大幅提高；
- 對於輸贏的解釋全部是錯的；
- 解釋錯了，就會在下一步判斷錯；
- 於是下一步的輸贏機率再一次被自己扭曲；
- 就這樣鑄造出來那所謂的韭菜宿命；

● 所以，韭菜最後都變成了充滿怨念的人——
是自己給自己找來的怨念……

真相是什麼呢？

無論在什麼時候，買賣都是由雙方配合完成
的。買家雖然有買的意願，如果沒有賣家，無論出
價高低他都是買不到的。反過來，賣家也一樣，如
果沒有買家，他也是賣不出的，無論出價高低。

在任何一個時間點上，參與交易的人如果思
考、判斷、需求、結論都完全一致的話，是不可能
有交易出現的。**本質上來看，一切的交易，都是思
考不一致的結果**。也就是說，交易者必須找到與自
己看法不同、甚至結論相反的人才能完成交易，否
則，就只會是「掛單」在那裡，等著結論不一致的
人到來……所以，一旦交易完成，雙方都應該感激
對方才對，又為什麼要互罵呢？談不上感激，那也
至少感謝一下吧？所以，思考深入的人帶有自然而
真誠的禮貌：

空軍（賣家）和多軍（買家）擦肩而過，互道

▎一聲珍重……

　　本來生活在一個很美好的世界之中，但只因為
一念之差，韭菜們就生活在自己所創造的一個陰暗
角落之中。這也是世界奇觀了吧！在一篇論文中，
有位心理學家得出了結論：這世界沒有什麼壞人，
只有好人、笨蛋和病人。在我看來，很多病其實就
是笨出來的。當年，我讀完這一篇論文之後，突然
就覺得世界「變得」更陽光了！

07

誰說「韭菜」不在乎尋找價值

　　千萬不要以為，正在談論「價值投資」的人，就是以「價值投資」作為行動與判斷依據的人。若是常被表象所迷惑，你的交易成績只會很差很差。

　　成功的交易者永遠是極少數。極少數的他們所具備的共同特徵就是，**他們不為表象所動，他們喜歡探究表象之下的實質。**

　　絕大多數人之所以正在討論「價值投資」，是因為他們已經「被套住」了──這才是實質。這也是為什麼有那麼多人喜歡討論「價值投資」的主要原因──因為我們已經明白了，絕大多數人都是在牛市的尾巴上才被吸引進入交易市場，然後一衝進

來就拚命買買買，接著隨之而來的大熊，每一步都能踩死一批人……

這是很有意思的現象：

這世上沒有人不學習。

所有人都在學習！即使是笨蛋，也一樣在不斷學習的──只不過，每一種學習並不一定相同。由於他們學習的方向、方法、方式都自然帶有缺陷，所以，學到的都是沒用的東西，甚至是有害的東西。

「研究完整價值所在之後再決定是否買賣」，和「不管三七二十一先下手之後發現不對再去研究價值」當然有天壤之別，之後的結論和結局都相差甚遠。

這個現象真的是很有意思，**因為聰明和愚蠢，竟然不是被天生的因素所決定，決定它們的竟然只不過是「順序」**……跟下棋一樣，先走什麼後走什麼，最終決定輸贏──雙方的棋子數量一模一樣，棋盤也是對稱的，但最後就是有輸贏，是被什麼決定？竟然只不過是順序而已。當然，「順序」有很多其他的稱呼，例如「策略」之類的。

如果，你的所謂「宿命」起因在於你交易的時機錯

誤，那麼，解決這個問題的途徑，絕對不會是去「尋找價值」。每一把鎖都有屬於自己的鑰匙，萬能鑰匙是絕大多數人手裡根本沒有的東西。就算心急也絕對不能亂吃藥——這是常識。

你在**錯誤的時機**做了交易決策，那麼之後最正確的對策是什麼呢？很簡單啊：

等待下一個正確的時機！

太過簡單的答案常常被忽略，因為正如人們總是以為大事件一定受到大陰謀驅使一樣，人們不相信「賺到錢」這麼大的事情，竟然會有這麼簡單的答案。

在**正確的時機**面前，哪怕連「價值」這個寶物都顯得弱不禁風、無能為力。所以，仔細觀察一下吧：那些盲目相信價值投資的人，只能為自己錯誤的理解、錯誤的決策默默買單。

假如你之前沒想到的話，也不用自卑，要是這種事情需要自卑的話，我自己早就自殺了——因為我進入交易市場了好幾年之後才開始正視「價值投資」的缺陷：

雖然價值投資是對的，但它只能解釋一小部分
的世界。

08

「韭菜」不缺耐心，缺的是實力

所謂「被割離場的韭菜」，本質的原因根本不是他們缺乏耐心。正如你之前看到的那樣，就算是笨蛋，自然也是在不斷學習。只要是個人，在條件恰當的情況下，都會有足夠的耐心——這是事實。

缺乏耐心，其實是表象，本質是什麼？**本質是缺乏實力。**

兩個人玩丟硬幣賭局，每一把下注一萬元；硬幣是一枚完美的硬幣，兩個人都不可能作弊……請問，最終輸贏由什麼決定？這不是「腦筋急轉彎」的那種題目，但你很可能會以為這個問題本身就有問題：

- 這件事明明是 1：1 的機率，哪裡有什麼輸贏啊！
- 既然沒有輸贏，那所謂的「決定輸贏」又要從何談起？！

　　這就是最好的例子，能用來證明絕大多數人只能看到表象，觀察不到實質。

　　最後幾乎還是一定有輸贏的──如果兩個人的財力有一定差距的話。丟硬幣的結果是正面還是反面的機率雖然確實是 1：1，但機率的意思是說，雖然整體上是 1：1，但實際上一定不會是「這一次正面，下一次反面，如此反覆循環……」在極端情況下，參與的某一方如果只有一萬元的賭資，他只要第一次輸就會馬上出局了。你小時候假如曾經沉迷丟硬幣這個遊戲就會知道了，在實際操作過程中，連續出現 32 次正面（或者連續 32 次反面）的情況其實也頗為常見！如果某一方持有二、三十萬，另外一方只有個三、五萬，由於玩的是 1 ／ 2 機率輸贏的賭局，賭資比對方多很多的人更容易贏，不是嗎？

所以，在這種遊戲裡，**最終，決定輸贏的不是「運氣」，而是「實力」**！

　　幾乎是同樣的道理，「韭菜」最終的下場，並不是因為缺乏耐心，而是因為缺乏實力所致。如果進場時「那必然被套的部分」，其實只有占他所有資產的一小部分，那他會「失去耐心」嗎？他會因此失去冷靜嗎？他會因此焦躁不堪嗎？他會因此羞憤難耐嗎？都不會。更可能的是，他會很冷靜，他會沒有半點焦慮，他會羞愧自己是判斷錯了，但完全不可能因為羞愧而做出更不合理的行為。

　　於是，想要擺脫「韭菜的宿命」，只有一個辦法：**提高自己的實力。**

　　在交易市場裡，實力指的到底是什麼？有一個清楚的定義：

┃　長期穩定的低成本現金流。

　　這種東西事實上非常難得，但也不是無跡可循。有的人竟然可以源源不絕地借到錢，另外一些人則靠不斷募資的這種能力，我猜有的人像我一樣

靠的是「場外賺錢能力」。而對絕大多數普通人來說，像我一樣不斷在場外賺錢或許是唯一的優勢策略。

與此同時，還有另外一個重要的原則：

控制部位

永遠要保留一**定比例**或者至少一**定數量**的現金——這就好像潛水需要帶上氧氣瓶一樣，沒得商量。至於比例要多少，數量要多少，沒有定論，完全靠你自己去琢磨。

09

喜歡冒險的最後都是「韭菜」

　　冒險，在都市傳說裡，經常被與「勇敢」混為一談，這種概念混淆在日常生活中可能不會造成過大的風險。然而，在交易市場裡，這種混淆常常是直接**致命**的。

　　優秀的、成功的交易者，最後都是風險厭惡者——這一點，韭菜們並不知道。正如韭菜們對自己所面臨的尷尬，有著錯誤的解釋一樣，他們對成功者的解讀也沒有半個正確。他們以為優秀者、成功者，最後都是靠冒險成功的，他們的理解線性而片面：

- 市場有風險；
- 所以，想要成功就要冒險；
- 反過來，不冒險就不可能成功……

錯了！真的完全錯了！

想要擺脫「韭菜的宿命」，你必須學會的一個觀念是：

- 能不冒險，絕不冒險；
- 即便是必須冒險的時候，也要讓傻瓜們去冒險，自己在一旁透過觀察來獲得經驗。

獲得經驗最直接的方法，是透過「自己的實踐」獲得。然而，在風險這件事情上，一定要盡早學會觀察他人的冒險實踐，而不是透過自己的實踐。

我有一位新東方（目前中國規模最大的英語培訓公司）的同事，他去牛津賽德商學院（Saïd Business School）讀 MBA。他回來告訴我，第一堂課上，教授一上台就在黑板上寫下這麼幾個字：

Use other people's money!（用別人的錢！）

（注：這句話出自一本出版於 1914 年的著名書籍的書名：《Other people's money, and how the bankers use it》，作者是 Luois Dembitz Brandeis。感謝網際網路，你現在可以在 https://archive.org/details/otherpeoplesmone00bran 閱讀這本書。）

　　箴言。這則是有深刻智慧的，回想一下上一節所提到的「長期穩定的低成本現金流」吧。所以，知名商學院畢業的學生，從那一刻開始磨練的就是**「融資能力」**——只不過，為了避免誤解，他們多多少少都學會了一些用來保護自己的「虛偽」，只不過從來不提這件事而已。動物世界不就是這樣嗎？所有的動物都有一些為了保護自己而隱藏自己的訣竅。

　　我如果有機會開個全球知名商學院的話，一定會把這句話刻在牆上讓所有學生牢記終身：

Watch other people taking risks!（盯著別人冒險！）

這比「用別人的錢」更重要。為什麼呢？在全球經濟快速發展幾十年之後的今天，「有一點錢」早已不再是難事了；又由於全球經濟快速發展了幾十年，機會也比過去更多、更大；所以，「用自己的錢」也能做很多事情，「用別人的錢」反而相對危險了。

　　然而，無論經濟再如何發展，風險還是風險，為了獲取經驗，必然需要有人冒險。不過，冒險的一定不能是你，那你要做什麼呢？你觀察，你歸納，你學習。越大的風險，越需要你這樣的人——冒大險的人最後其實也要感謝你，為什麼呢？他們陣亡就陣亡了，但因為有了你這樣的人，歸納了他們的經驗，不但自己受益了，還傳播了出去，這樣他們的失敗就有了新的意義。

　　思考正確的結論真的很難，因為有時候「正確的結論」看起來是那麼邪惡，即便它在最深處閃閃發亮。

　　還有另外一些東西，甚至算不上是「冒險」，因為冒險畢竟還有生還的機會。這些事例如，借錢衝進交易市場，例如，加上槓桿，再例如，在沒有

專業技能的情況下去玩期貨……這些都不是「冒險」，說直接點是「找死」。尤其是在區塊鏈資產交易市場裡，更是如此。它本身已經是個波動（風險）巨大的交易標的了，如果還要在上面疊加風險，那不是找死是什麼？

不過，韭菜們是不會信的，堅決不信的，就算已經粉身碎骨，他們還是相信：「要是有人願意再借我一些錢……哼！我一定會翻身的！」

注意

- 這一章的內容，99％的情況下會被誤解。誤解來自於上面所說的「別人」（other people），這個詞基本上總是被投資或投機失敗的那些人「主動對號入座」── 他們不明白「用別人的錢」中的「用」，指的是在金融領域由相關法律規定、保護之下的「合法使用」。同樣的道理，「看別人冒險」中的「看」，顯然也不是那種「惡意的看」，而是指理性地觀察與學習。

- 把這種東西寫出來，多少是有風險的，因為

它在沒有全面解釋清楚之前，很容易被誤會成「政治不正確」（politically wrong）……所以，基本上，只要說出來就一定會被罵，而且還是從各種角度被罵。

10

更可怕的是不計成本地冒險

　　成功的交易者，跟愛因斯坦口中的「上帝」一樣，是不玩骰子遊戲的——純粹由機率決定的事情，他們會直接迴避。

　　就算他們偶爾接受風險，那他們能接受的也只能是「勝率超過 50 ％」，或者最好「勝率遠遠超過 50 ％」的決策。

　　韭菜們不一樣，他們喜歡冒險，但是他們甚至不知道如何計算風險——是呀，風險是可以通過加減乘除算出來的！韭菜們從來沒有算過，甚至沒有想過應該要計算一下。那你覺得他們能贏嗎？如果他們竟然真的贏了，那不是沒有天理了？！

你是新手，你不是韭菜，至少你不想永遠是一根韭菜，那怎麼辦？

學啊！

不想學？那還有什麼別的辦法嗎？有——退出市場，永遠不要參與。

那還是學吧，直到把自己變成一個學霸。

有個人向你借錢，100塊，然後告訴你他願意在到期時還給你110塊。這時候你的**報酬風險比**是多少？你的風險是那個人跑了，你損失100塊，你可能的報酬是，如果他還你錢的話，你的錢比原來多了10塊，於是，你的報酬風險比是0.1：1＝10％，這看起來完全沒半點吸引力！

如果對方告訴我，借100塊錢，第二天會還150塊，哈，我是一定不會借的，因為只有急著去打麻將的賭鬼才可能提出這種條件……我當然沒這種朋友！玩笑歸玩笑，我們回頭看事情的本質：實際上，在不確定對方信用的狀況下，無論報酬率是10％還是50％，甚至是200％，風險都是一樣的：你最多可能損失掉的是100塊本金；其中的報酬風險比很不一樣，而這個比率給你帶來的心理影響也

非常不一樣。

讀起來有點迂迴？別急，一件事情不管剛開始多簡單，疊加好幾層之後都會顯得很複雜，也顯得不那麼直覺。多讀幾遍是讀任何好書的訣竅。

在上面的例子裡，你的實際成本來自那「同樣的風險」——有可能損失 100 塊——給你帶來的壓力。假如你月薪是六位數，那你甚至會告訴對方，「算了，不用還了！」但如果你是個在大學裡讀書全靠父母供養的窮小子，100 塊很可能是你一整天的飯錢，而且竟然還發生在月底，你只剩下最後 100 塊的時候，這個成本就是你完全不能承受的了。

所以，你看，計算風險成本要考慮很多因素。你的實力最重要，然後才是報酬風險比——你看，在哪裡都一樣，實力最重要。

換一個場景，在交易市場裡。

你看到某個標的「X」從之前的一個價格高點 26 元跌回 20 元，然後你猜它很有可能再漲到 22 元，到時候你就可以「套現」了。於是，你動用 500 元買入，總計買到了 25 個單位。那，你的報

酬風險比是多少呢？來算一下吧！

分子是可能的報酬。當價格真的回到了 22 元的時候，你可能的收益總計為 50 元，而你拿出來「冒險」的總金額是 500 元，所以，你的報酬風險比，是 50：500 ＝ 10％ —— 你覺得這個比率看起來如何？實際上不怎樣吧？

不過這個計算還需要改良。因為新手是不設停損線的，或者，講得精準些，**「韭菜」是沒有「停損」這個概念的**。你不一樣，你學會了，你知道應該設個停損線。所以，你給自己定了個停損線，如果價格跌到 18 元，那麼你無論如何都得賣出！這個時候，你的報酬風險比是多少呢？分子還是 50 元，風險呢？風險是 500 － 25×18 ＝ 50。於是，50：50，相當於1：1—— 這跟丟硬幣有什麼差別呢？**你為什麼要跑去交易市場玩丟硬幣呢？！**

而且，這跟丟硬幣還是有很大差別的！因為無論你買還是你賣，交易都是有手續費的，於是，如果你把手續費的因素納入考慮，你這次的交易不管怎樣都比直接丟硬幣賭正反面還要差！

韭菜之所以是韭菜，甚至永遠是韭菜，就是

因為他們不僅冒險，還不計成本地冒險，更可悲的
是，那麼簡單的數學，他們竟然沒想過應該去算一
算……他們也在學習，但學的是「打探小道消息」
那一套。

II
停損線究竟如何制定才合理

　　有一些韭菜也是有進步的，很快就聽說高手們不但擁有「停損線」，竟然還有「停利線」！然後他們用最膚淺的方法去理解他們以為的「高手們」的這種行為，然後，給自己定下了自己完全沒辦法執行的「鐵律」：

| 不要太貪心！

　　這看起來完全沒有錯誤的「鐵律」為什麼漏洞百出呢？因為漏洞不在於鐵律本身，而在於只要是人，就很貪，不是嗎？並且，你進交易市場要幹

嘛？你摸著你的心臟吧，你真的只是想進來每天賺三碗牛肉麵的錢嗎？！

真正有用的建議，始終都是可以執行的。「不要太貪心」這個所謂「建議」的毛病在於，它幾乎不可執行，想想可以，卻根本做不到。偶爾做到不算數，長期做到又完全不可能。

停損線到底應該如何制定？

有些標的的價格波動天生就比其他標的更劇烈。比特幣的價格波動就比美元在外匯市場上的價格波動劇烈無數倍。在早期的時候，比特幣甚至出現過一小時裡跌了 80％，或者同樣一個小時卻漲了 500％的情況……

你可以估算一下交易標的的「日常波動幅度」。如果，X 的日常波動幅度是 25％，那麼，你的停損線，或者換個說法，你的「最大可忍受虧損」應該比 25％更高，比如 40％，因為你考慮的是風險，尤其是在價格波動劇烈的交易市場中的風險，所以，「**做更壞的打算**」永遠比「**盲目樂觀**」更可靠。

停損線到底應該定在哪裡，其中有很多因素

的影響。甚至，連交易者的性格都是很重要的因素之一。最要命的是，你的性格確實在此時此刻決定你的行為，但回頭仔細做觀察，你在此時此刻的性格，更可能是你過去長期行為所決定的。

到了這裡，絕大多數「韭菜」都昏頭了——他們發現，要考量的因素太多。他們在歸納因果的時候已經常常犯錯，搞不清楚狀況，更沒辦法理解那些「互為因果」的現象和原理了……於是，他們都一樣，當有人為他們耐心講解原理的時候，很快就不耐煩了（注意，不是缺乏耐心，而是缺乏腦內實力），他們說的話都一模一樣：「你就告訴我該不該買吧！」（這件事很好玩：你不妨仔細想想，為什麼他們說的不是相反的？——「你就告訴我該不該賣吧！」）

想要擺脫韭菜宿命，那就練腦子吧。腦子不是個好東西，練過的腦子才是好東西——不僅要練過，還要正確地練，好好地練，不停地練。

韭菜們是怎麼做的？他們確實學會了設置停損線，雖然已經有了「進步」，可從結果上來看還不如沒有進步，因為他們的停損線根本就沒經過計

算，完全是憑「韭菜直覺」來——例如，在交易日常波動在 25％的交易標的上，把停損線定在 10％或者 20％……

這麼做的結果，是另外一個對他們來說完全「意料之外」的、很嚴重的副作用。他們因為一廂情願地把分母降低了，於是，哪怕很少的收益對他們來說都是「很高的報酬風險比」，於是，他們手中正在做的交易永遠是「賠本的買賣」，卻永遠不知道自己錯在哪裡，到最後他們能做的跟因為無知所以迷信的那些人一樣，因為搞不清楚自己是怎麼「被割」的，只能感知到（其實是錯誤的結論）「我的錢被別人賺走了」……所以，天天一邊罵著大戶，一邊暗自希望自己能認識個大戶好朋友，或者幻想自己有一天也能成為大戶……

反正，設定停損線這件事情，絕對不能一廂情願，至少，你現在知道了，其中有個因素很可靠：

| 交易標的的日常波動幅度。

12
頻率才是決定一切的根本因素

　　雖然，現在你似乎明白了「如何設定停損線」。但，一定操之過急的你，沒多久還是發現那東西完全摸不著看不見，那東西再一次沒什麼鳥用。為什麼呢？

　　很快，你就會發現，這個所謂的「日常波動幅度」，全然取決於你究竟觀察的是多久的時段，或者，你用哪一種的刻度去觀察。你看看 K 線，按分鐘、按小時、按天、按月……都會得到不同的結論。所以，至少還有另外一個要素要考慮，你自己究竟是以什麼樣的頻率去交易呢？你每一天都交易？還是你每時每刻都在交易？或者是你應該選擇一個季

度才交易一次？這不是個很容易的決定，也不是一個有標準答案的決定。

有的人時時刻刻在交易，甚至害怕自己「效率低落」，靠寫程式來進行「量化交易」，妄想捕捉市場上的每一個獲利機會；有的人隔幾天交易一次，有的人一年也不一定交易一次……先不管決定這些人交易頻率的到底是什麼，現在更重要的是，「交易頻率」究竟會影響到哪些結果呢？

有這樣一個「**屋子裡的大象**」——意思是，那種顯而易見卻被人們全然無視的現象：

交易頻率越高，交易就越接近「零和遊戲」。

智者們早就反覆提醒過，只不過說法不一樣而已，措辭不同，但意思是同一件事：

（交易市場）短期來看是投票機，長期來看是體重機……
——「華爾街教父」班傑明‧葛拉漢

所以，韭菜想要翻身，不管講得再多，只有一
條路可以走：

> 降低交易頻率……降低降低再降低。

千萬別不信：**只要你頻繁交易，你就依然是一
根「韭菜」而已**。降低交易頻率，說起來容易做起
來難。有很多高手都勸新手不要頻繁交易，只不過
他們拿出來的論據雖然非常有道理，但是新手並不
在意：

> 頻繁交易的結果就是交易手續費累積，累積到
> 吞噬你的所有利潤和本金。

我們已經知道幾乎所有新手都犯下的錯誤是，
誤以為自己參與的是「零和遊戲」，所以，他們中
的絕大部分最後淪為「韭菜」。但是，絕大多數人
完完全全沒意識到的是，隨著他們交易頻率的提
高，他們真的越來越接近「樂此不疲地玩一個零和
遊戲」的狀態。

最可怕的是，交易市場裡的「零和遊戲」，宏觀來看，只有交易所本身是贏家，除了它之外都是輸家。雖然玩家之間在「賭」（交易），但不管玩家雙方的輸贏如何，交易所都在「抽成」（收手續費）。於是，你贏的時候被抽走一點點，你輸的時候也被抽走一點點，而對方無論輸贏也同樣被抽走一點點⋯⋯結論是什麼？

事實上，交易市場裡永遠沒有零和遊戲！

「韭菜」的幻覺在於，他們用行動表明他們的信念和堅持，他們認為自己的智商與體力，完全可以打敗手續費⋯⋯殊不知，「抽成」是人類史上唯一可以永續的商業模式，真的不是一個個體能夠打敗的，看看世界各地的那些券商就懂了。

降低交易頻率的巨大好處，其實在於另一方面。

當交易頻率越高的時候，報酬風險比很難變高，而是會越來越低。因為在那麼短的時間裡，「突然」產生巨大報酬的可能性非常非常低 —— 即使是

在一個波動（風險）巨大的市場裡，偶爾會看到「暴漲暴跌」，但，捕捉這些暴漲暴跌，正好是最危險的，是在火中取栗。

當你嘗試著主動降低交易頻率的時候 —— 注意，是「主動」，而相對來看，「不由自主地進行高頻率交易」則是交易者已經被市場左右的被動行為 —— 你會發現，這其實相當於你主動提高了報酬風險比，因為你在沒有改變分母（風險）的情況下，主動提高了對分子（報酬）的預期。

剛開始的時候，我的交易頻率也非常高。等我想通了，開始主動降低交易頻率之後，才有機會體會到自己對報酬的「滿足閾值」在不斷提高。最後，我甚至給自己訂下了這種守則：

漲到 10 倍之前，就當它不存在。

10 倍！我在交易頻率相對較高的時候，這個報酬級別是甚至是我未曾想像過的。也許這個倍數，我將來會為自己做調整，但是，這個數字絕對是我長期多次主動降低交易頻率之後，才能在我腦

子裡出現的東西。無法憑空猜想。

這件事有點違背直覺，在交易市場裡：

- 越是短期的預測，越接近於丟硬幣；
- 越是長期的預測，越容易接近真實的邏輯推斷⋯⋯

所以，降低交易頻率的本質，在於拒絕丟硬幣，堅持邏輯推斷。

13
到底最後是誰在割誰的韭菜呢

交易有風險。

法律真的很好玩，交易標的發行商，如果不向大眾公開風險，很可能會被認定為犯罪，罪名是詐騙。但是事實上，這本來完全就不用公開的啊！──所有的交易都有風險，交易者應該在進場之前就自己明白的！

可惜，「韭菜」們就是那麼衝動，衝進來的時候，不閱讀、不思考、不學習，他們之所以一衝進來就「買買買」，理由非常簡單，因為「別人已經賺到錢了！」──保護「韭菜」真的非常不容易。

「被套了」之後才開始研究「價值投資」的，

都是善良的韭菜，因為他們至少還在「默默承擔自己決策錯誤所帶來的損失」，而且希望通過「學習」改善自己的遭遇。

更極端的「韭菜」，其實是更常見的「韭菜」，一般都是要求「維護權益」的！**再一次，他們要「討個說法」，討一個讓自己好過的說法。**

2018 年 7 月，雷軍的小米在香港上市，當天跌破發行價。很多二級市場的投資人成了「高價接盤者」而「被套牢」，很多人成了所謂「被割的韭菜」，那麼，請問，「割韭菜」的人是雷軍嗎？在這種情況下，因為自己被套，而認為自己被雷軍割了韭菜的人，真的是腦袋混亂，以至於他們完全不應該進入交易市場。因為他們不但自己邏輯混亂，並且完全沒有為自己的決策、行為負責的能力——**能力這種東西，不是自以為有就可以有的**，是吧？

今天全球市值排名前幾大的 Facebook 當年上市也跌破發行價了呢！請問：

> 當年跌破發行價之前買 Facebook 股票的人如果在跌破發行價的時候，並沒有「割肉」而是

持有到今天，他是賺錢了呢？還是賺錢了呢 ?!

顯然，這種人沒有「被割韭菜」，並且，他們也不是靠「割韭菜」賺到錢的，不是嗎 ?!

仔細觀察，你會看到真相：

所謂的「韭菜」其實常常並不是被別人割，在更多的情況下，他們是被自己割的！

分析他們犯的錯誤，拆解來看有三個：

- 先是不能正確區分價值和價格，做出了錯誤的買入決定；
- 而後依然不能正確區分價值和價格，所以做出了錯誤的賣出決定；
- 最後還是不能正確區分價值和價格，但是完全不自知，認為是別人欺騙了他們，自己是「被割了韭菜」……

以上，我們討論的是好資產的交易。那市場上

有沒有壞的資產呢？（注意，是「壞」的，而不是「不好的」，這兩者之間也有很大的差別，不應該混淆。）當然有！市場上不僅有壞的資產，還有很多欺騙之事。惡意操縱市場、內部不當交易、非法利益輸送……等等無數的變化。在現實的交易市場（例如股票市場）裡，法律規範發展了這麼多年，上述的惡行也從來沒有被剷除乾淨，法律總是滯後的，壞人不斷進步……區塊鏈的世界裡呢？在一個法律更不完善、更為落後的世界裡，當然壞的資產更多，欺騙也更多！

更進一步，利用「韭菜」的認知落後、認知缺陷，誘導韭菜「高價接盤」再想辦法讓他們「揮刀自宮」的，絕對是壞人，雖然有時候法律還跟不上，但，他們是確定的壞人。這有點類似於什麼呢？你偶爾會在街上看到故意把自己的車牌掩蓋或局部掩蓋的人（有人還用泥巴抹在車牌上讓三、兩個數字或字母看不見），他們是「確定的壞人」，為什麼呢？因為這種人在還沒被抓的時候就已經準備好要逃避責任……所以，他們是「確定的壞人」。

老實說，你還沒見過更狠的「韭菜」呢！

他們知道自己「被割」了，所以決定要堅持到「自己能割別人」，在這個過程中，只要誰膽敢揭穿了真相，妨礙了「自己將要割韭菜的機會」，他就跟誰拚命。

有興趣的話，你可以到網路上查一下「錢寶網事件」。很多所謂的「投資人」明明知道自己參與的是個龐氏騙局，但是，他們是這麼想的：

在我還沒辦法解套之前，錢寶網如果垮了，那我不就成了無藥可救的受害者了嗎？

所以，在找到下一批受害者之前，錢寶網是不能垮的！現在你知道「韭菜」有多嚇人了吧？

14

我要是賣在那裡、買在這裡就好了

所有的韭菜都有幻覺。每一天，甚至每時每刻，他們都在盯著 K 線圖。時不時地，他們的腦子裡就會浮現出一個念頭：

> 唉！我要是在那裡賣出（眼睛盯著某一個價格高點），然後在這裡再買入（目光移到某一個價格低點）……那就好了！

我不知道你怎樣，我只說我自己，最早的時候就有過這種幻覺 —— 後來，經過觀察，我猜每個新手都有過這樣的幻覺吧。

它之所以是幻覺，只要看看那句型就知道了：

……就好了。

這是最典型的人們想要擺脫尷尬的時候所使用的句型。現實是，過去不能更改，韭菜卻仍然忍不住去幻想一下，要是過去這樣那樣更改就好了。這明顯是小孩子才有的不切實際的念頭，然而，衝進交易市場之後，在外面那麼「成熟」的人，突然之間又開始極度幼稚起來……

這種幻覺，新手難免有，但**老韭菜們卻長期幼稚**。

聽聽他們所描述的「大戶」（很可能也是他們的幻覺）就知道了：

李笑來在 EOS 32 元的時候全部拋出套現，而後等市場跌到 6 元的時候，又全部買了回來……這一來一往，才幾天時間，李笑來就獲利超過 5 倍！（這是 2017 年 8 月中旬的一篇報導中所描述的）

32 元，是 EOS 在那一個階段的最高點；而 6 元，是那個階段的最低點。李笑來真的很厲害哦！竟然能提前準確地預測最高點，然後「全部拋出」！不僅如此，很快又預測到了最低點，然後竟然在那個點上「全部買回」！

這是非常令人驚訝的事情，新手不知道就算了，韭菜們都老了還這樣？在任何一個時間點都有一個價格，在交易市場上，伴隨著那個價格，有一個「**大盤交易量**」——這很重要！

冷靜一下，仔細看看 K 線圖就知道了，在當時 32 元的價格上，成交量其實很少——事實上，在任何「最高點」或「最低點」的價格上，成交量都很少！在最高點的價格上，只能賣掉那一點點的量，再接著賣，就要以更低的價格成交了……反過來，在最低點的價格上，只能買到那一點點的量，再接著買，就要以更高的價格成交了……

韭菜就是這樣，對自己的過去時不時需要用幻覺來安慰自己；也因此，對正在發生的事情也會不由自主地用同樣的幻覺去解釋——完全不知道那實際上是根本不可能發生的事情。

還是同樣的脈絡：

他們認為自己在玩零和遊戲，所以，自己賠掉
的錢，一定有人賺走……至於是誰「賺」走的，
因為他們並不知道那個「誰」是他們自己幻想
出來的存在，所以，那一定是「真實的人」，
是誰呢？只能是那個據他們所知已經賺到錢的
人……所以，他們就自然而然把李笑來當作那
個人。對！只能是李笑來。

等你一點一滴地進步，離開注定成為韭菜的那
條路之後，你自然會明白：

作為交易市場中的一分子，你不太可能在最高
點賣出，也很難在最低點買入……

為什麼呢？理由很清楚也很簡單：

最高點和最低點，都是因為一小部分交易者的
「衝動」造成的……

你注定要成為一個不衝動的人，所以，**那一部分衝動的交易注定不是屬於不衝動的你！**

　　相信我，你是一個正常人，所以，時不時出現一點幻覺是非常正常的。但是，你不一樣。哪裡不一樣？不一樣的地方在於，當幻覺出現的時候，你能察覺那個幻覺，明確地知道那是個幻覺，這樣一來，你就可以像正常人一樣，用力晃晃腦袋，甩掉那個幻覺，繼續正常生活、正常思考⋯⋯

15
人怎樣變壞的就會怎樣變笨的

　　人之初，性本善，還是性本惡？我越來越相信是「**性本善**」的。

　　人們是從愚蠢變得越來越聰明嗎？還是反過來，本來很聰明，後來漸漸變笨？觀察得越多，我越相信是後者。

　　事實上：

　　人是如何變壞的，那人就是如何變笨的，這兩個過程的脈絡完全相同。

　　請問，這世界真的有「百分之百的壞人」嗎？

這是我最近一年常常思考的問題，因為在過去的十幾年裡，我只遇過一個讓我極其討厭的人。A君，因為我不肯在A君離開某出版社的時候，把我寫的一本暢銷書的版權私下給A君帶走，而是選擇仍然保留在原出版社出版。從此之後，A君不會放棄任何一個「黑李笑來」的機會，甚至疑似出動過網路打手來攪局。不過，這種人十幾年遇見一個其實是算很少的，比例很低。

從小我就是個不合群的人，不過，經過自我訓練完善之後的我，好朋友很多，並且在三十歲之後越來越多——雖然我依然不算是「合群」。

我向朋友介紹朋友的時候，常常是這樣開場的——這也是我很自豪的地方：

這是我二十年的朋友……

關於我是如何交朋友的，我曾經在微信公眾號上專門對此寫過文章：《什麼是朋友？》（共計兩篇）

然而，我的整個45歲，也就是過去的一整年

裡，我遇到了一批所謂的「壞人」，背叛、欺騙、誣陷、顛倒是非，甚至陷害……在這裡我就不點名了吧——但人數竟然一隻手五根手指不夠用了！這麼密集，不得不讓我必須一再深入去思考：難道是我自己出問題了嗎？

反覆思索出的結論有兩個：

> • 壞人的比例似乎並沒有增加，因為過去這一年我新認識的人，數量基本上相當於過去二十年的總和；
> • 然後我驚訝地發現，這世界沒有百分之百的壞人，只有「好人」和「部分壞掉的人」。

你仔細想想看，你這輩子遇到過「**百分之百的壞人**」嗎？我仔細想了一下，發現沒有。放眼望過去，看周遭，甚至看歷史，我都沒找到——就算是殺人犯也可能很愛護自己的女兒，甚至連強姦犯也有愛情，《色戒》說的不就是這種故事嗎？

於是，最後，我的結論是：

| 所有的人都是向善的。

如果讓我在「人之初性本善」和「人之初性本惡」之間選擇，現在的我只能選擇前者。所以，沒有「純粹的壞人」，或許只有「部分的壞人」，比如，百分之十的壞人，百分之二十的壞人……我猜，很難有「百分之五十的壞人」存在，因為連百分之五十都過了，那麼他內心會有很大的煎熬。

所有的人都是向善的。可是，一旦這個人做了一個壞的決策，那麼他將面臨一個選擇：

- 承認錯誤，而後努力改正錯誤；
- 不承認錯誤，而後把那個錯誤「合理化」（Rationalization）。

「把自己做過的錯事合理化」，本質上來看是一個**自我大腦重塑**的過程。這個過程一旦完成，此人依然是一個內心「向善」的人——這樣才能解釋為什麼那些貪官污吏也確實在家裡教孩子做人要人品端正。

如果把這個世界裡的人簡單地分為「好人」和「壞人」兩種，那麼，這種不清晰的概念會不斷影響未來的決策，當然肯定會被這種可能的錯誤決策（或者乾脆稱為「幻覺導致的行動」）所拖累。所以，我得感謝這一年中我遇到的這些人，他們的存在，最終的結果就是「李笑來又進化了」。

　　如果不是這樣升級過自己的「作業系統」，我是完全沒辦法理解鄭伊廷的行為的。鄭伊廷，到處把李笑來描繪成「黑心投資人」，但他永遠避開這幾個顯而易見的事實：

- 在李笑來的幫助下，鄭伊廷靠開培訓班賺到了在臺灣好多年都沒有賺到的錢；
- 這個培訓公司是李笑來投資的，但從來沒有要求過分紅（事實上到現在也沒分紅過），甚至主動要求把股份比例從 40％降到 30％，告訴鄭伊廷「我無所謂，我希望你努力多賺一點」；
- 後來的場外交易所 OTCBTC，絕大多數的早期使用者，都來自李笑來經營的社群；

- OTCBTC 這個項目上，到今天為止，鄭伊廷沒有給李笑來任何投資報酬，甚至連最早的投資金額都沒有歸還……

要是想罵李笑來是個「黑心投資人」，那麼至少在賺到錢之後，把投資款還掉之後再罵好不好呢？

我在自我升級之後，開始明白鄭伊廷的思考路徑了：在賺到了巨額可能的利潤和估值之後，鄭伊廷突然發現當初定下的 40% 實在是太多了，所以，鄭伊廷不想跟早期投資人分享，不想再履行之前約定的義務。這是唯一的核心原因，也是鄭伊廷後來的實際行動——然而，鄭伊廷必須合理化這個決定和行動。在合理化完成之後，鄭伊廷的內心還是完完全全向善的，例如，依然很勤奮，依然很努力，依然不斷地說服他人也告訴自己，自己是善良公平正義的……只不過，留下了一個後遺症：

- 這個決策和行動既然已經被合理化，那麼下一次遇到同樣的情況，鄭伊廷就會毫不猶豫地做出同樣的決策和行動。

● 在下一次遇到稍微更過分的情況的時候，鄭伊廷做出錯誤決策的成本更低，衝動更高……

所以，看著鄭伊廷不斷合理化自己的行為，在「成為一個更壞的人」的路上那麼努力，老實說，不可能恨鄭伊廷，只是覺得鄭伊廷滿可憐的——只不過是這個世界裡又一個可憐人而已。

有記者問我，提到鄭伊廷還有另外幾個人：

你恨他們嗎？

我的回答也一樣：

不恨。真的不恨。首先沒空，其次真的覺得他們滿可憐的，因為只要開始壞掉，就根本回不來了……

而且，如果我不能理解這種「正常現象」的存在，我的世界就黑暗了。

我也可能就會把偷錄談話，事後又洩露出去

的那對夫妻理解成「壞人」——在五個月前偷偷錄音，五個月後，暗中交給別有用心的人，然後造出李笑來的負面形象……

可實際上呢？實際上更可能是這樣：

- 他們在跟我談話的時候，或多或少還是把李笑來當成老師等級的人物，認為李笑來的思考是有價值的，所以偷偷錄下來；若是他們當場徵求同意的話，要不是被拒絕，就是李笑來同意了之後，五個月後大家聽到的是「乾淨版」——不會有那麼多髒話，批評誰的時候也不會指名道姓……
- 大概是後來他們把這個錄音分享給了身邊的朋友或者同事，接著，被別有用心的人發現了，然後用了最狠的手段「整」李笑來：
- 通篇斷章取義；
- 甚至不惜編造言論（李笑來不用「韭菜」這個概念，卻用那樣驚悚的標題）；
- 花錢找主流媒體的新浪微博帳號轉貼；
- 在很多微信群、Telegram 群組裡雇用網軍製

造更驚悚的話題；

- 組織很多「舉報群組」，煽動情緒，承諾「跟我說，我幫你們跟政府說」；
- 組織很多人給相關部門官員做匿名電話舉報——舉報素材是他們編造出來的「錄音爆料」；
- 找到律師說，「花多少錢都要讓李笑來進去蹲」……

所以，他們兩人其實不是罪人，但是，也滿可憐的——從此之後，還有誰願意，還有誰敢對他們坦誠相待呢？

有人向我推銷防竊聽工具，有人向我推薦「更厲害的網軍專業團隊」……我都拒絕了。我不想因為遇到他們那樣的人，就變成他們那樣，一點都不想。

我希望我還是原來那個樣子。

更進一步，**我不想變壞**，哪怕只有一點點。

面對那樣的人，我也不想使用「他們的手法」、「他們的手段」，以暴制暴之類的……因為那樣的

話，即便是贏了，也是輸，並且輸得更慘，因為你被他們改變了——還有什麼比這個更慘的呢？

說得精準些，連「**我想做個好人**」都太抬舉我自己了，我真正想做到的，不過是：

> **我一點都不想變壞。**

如何不變壞？很簡單啊，已經說清楚了啊！

> **如果不小心做錯了事，一定要改正，絕對不嘗試去做任何形式的「合理化」。**

人變笨的機制也一樣，完全一樣。只不過是因為做了一個愚蠢的決定，只不過是沒有努力去改正思考，只不過是不由自主地「合理化」自己之前的愚蠢……於是，人就開始變笨了，在變笨的路上越走越遠。前面討論過的所有「韭菜」思維，都是清楚的例子和證明。

所以，不想變笨，就必須做一件事情：

做一次蠢事沒關係，但，一旦發現自己很笨，就要馬上改正，絕對不能對自己的愚蠢行為進行合理化，否則，就只能在變笨的路上越走越遠⋯⋯最可怕的是，傻瓜絕對不孤獨，因為他們自然而然人口比例更高，共識更強烈，所以，如果你自己不夠警惕，那麼你一定會變成一個感覺幸福、實則痛苦的傻瓜 —— 這一點無庸置疑。

所以，到最後，所有智者都是完全一樣的，沒有差別，他們的看法一致：

如果經過一段時間之後，你竟然不覺得過去的你很傻，那表示你已經徹底變成了無可救藥的傻瓜⋯⋯

看看橋水基金的達里歐是怎麼說的吧：

痛苦＋反思＝進步

經過這番思考，從那之後，我對人的評價措辭開始發生了變化。「不壞」，是對人品最高的評價；同樣，「不傻」是對智商最高的評價——呼應了那句：好人千篇一律，壞人千奇百怪；聰明人千篇一律，傻瓜五彩繽紛。

注：有一篇《科學人》雜誌上的文章，建議認真讀一下，The Dark Core of Personality，順便學一個概念，「D-Factor」，網址是：https://blogs.scientificamerican.com/beautifulminds/the-dark-core-of-personality/

16

正確提升獲利風險比的方法

進入交易市場的人們，從來不缺痛苦，因為痛苦這東西幾乎漫天飛舞；於是，真正缺乏的只有一樣東西：

▎反思

痛苦和反思，這兩樣東西都有了，必然會產生進步。所以，新手想要躲避韭菜宿命，就得天天反思，時時刻刻反思，反思之後還要再反思……

你進入的是一個有風險的地方，在這裡幾乎沒有確定的獲利，那怎麼辦？或者換個說法，「如何

才能正確地提高報酬風險比」呢？

| 報酬風險比＝可能的報酬 ÷ 可能的風險

這麼簡單的公式能研究出什麼玄機呢？盯著一個東西看很久很久，胡思亂想很久很久，就是所謂「深度思考」的唯一方法。就好像我們盯著天花板能看出原本看不到的圖案一樣，所有的深度思考，都是盯著一個小東西想很久很久的結果。笛卡兒發明直角坐標系，就是這樣的過程——有興趣去網路上查查笛卡兒的故事吧。

看著這條公式，就知道，提高報酬風險比的方法，只有兩個：要麼增加分子，要麼減少分母……

減少分母，可行的手段有這麼幾個：

- 調整停損線，降低自己的風險承擔
- 降低每次的交易金額在總資金的占比
- 提高自己在場外的賺錢能力（或者募資能力）

還有嗎？想想吧。這其中的每一條，都值得你去調整自己的行為。

而加大分子呢？有什麼可行的手段？

- 選擇更加優質的交易標的
- 選擇最佳的交易時機（例如，數次暴跌之後再買）
- 放長持有時間（例如，歷經一次以上的牛熊交替）

每個人的喜好不同，每個人的經驗不同，每個人的欲望不同，所以，**這裡沒有什麼標準答案**。以上各自列出的三條，也不見得是最全面的清單。我自己呢，能力也有限，最終列出來的有意義的也就這三條。於是，我只能在我的能力範圍內做出選擇。

最終，我的選擇是這樣的：

- 為了減少分母，我想辦法繼續提高場外賺錢能力，進場的錢，就當作是丟了……

- 為了增加分子，我買入之後就不動，不管漲跌，歷經多次牛熊……

過了許多年之後，我發現自己當初這麼選擇還是有前提的：

我的生活消費水準很一般，在平日花不了多少錢。而且我在進入交易市場之前，就是個生活相對富足的所謂「中產階級」。

於是，當我進入交易市場的時候，相對來看，我的「變現」欲望閾值比較高，或者是「極度高」；所以，形成了良性循環：分子越來越大，分母相對越來越小……

反正，你的目標很清楚，當分子相對大到一定程度的時候，你就不再是「韭菜」了，因為你已經擺脫了「韭菜魔咒」，如何擺脫的呢？靠自己的選擇。等你做到了，你去講給那些「韭菜」聽，他們信不信呢？我用經驗告訴你吧，他們啊，堅！決！不！信！為什麼呢？到時候你就知道了。

17
其實不是誰都能去做早期投資的

片面思考，是所有「韭菜」的通病。不信的話，你等著看。

做早期投資很難的！只不過絕大多數人不知道而已。他們只看到早期投資者賺到很多錢的傳說，卻完全不知道真相。

首先，早期投資者的失敗項目比成功項目多很多倍。

你聽說的可能是李笑來 2011 年就開始買比特幣；2015 年年末，以太坊一出來，雖然李笑來自己並不看好，但合夥人老貓卻抓住了機會；2017年，EOS 的種子輪李笑來雖然不知道，但在天使

輪李笑來就投資了……除此之外，李笑來還投資過
QTUM、ZCASH、SIA、GXS、XIN、MOB……

> 老貓的書，《區塊鏈投資筆記》，我自己都看
> 了很多遍……

李笑來是在網路上公開生活的人，所以，他也
不會刻意隱瞞自己投資失敗的專案。要是你把李笑
來所有的投資專案全都列出來（我雖然不隱瞞，但
也不好意思到處公開清單），結論很清楚，失敗項
目數量是成功項目數量的十幾倍！

其次，早期投資者其實投不進去很多錢。

這是絕大多數人完全沒想過的問題。Peter
Thiel投資Facebook的時候，是最早的天使投資人，
但是他投進去了多少錢呢？50萬美金而已。

他也想「下重注」，但實際上，投不進去啊！
剛起步的公司給太多錢就會變壞，你信不信？給更
多的錢，就會占更多的比例，創業者不幹也不敢，
你信不信？

還有更重要的呢！早期投資者，因為自己的

「早期」，所以只能成為長期投資者。

Peter Thiel 在 Facebook 上市之前的相當長一段時間裡，那一部分股權是「完全沒有流動性」的——沒有流動性的資產，增值和縮水的，都只不過是「帳面價值」而已。

2011 年下半年到 2012 年上半年，我買了很多比特幣。到了 2013 年 4 月 1 日，比特幣從最低點 1 美元不到，三至五個月裡暴漲到 100 美元！你覺得一定賺了很多吧！事實上呢？當時的交易市場裡，交易量很低很低，大量的交易所裡，充斥著的是各種交易所刷出來的假交易量，被人們戲稱「幽靈單」……所以，我那個數量等級是根本出不去的，想要出掉一部分，就叫「砸盤」，那時真的能砸到嚇人的地步。於是，那個「帳面盈餘」，充其量只不過是能看一看開開心的數字，一點都不真實。直到 2017 年，整個市場的交易量才達到我可以自由進出的程度——不過，對我來說已經完全沒必要了，反正我的日常消費能力很差。

你再想像一下 Facebook 於 2012 年 2 月 2 日上市的時候。上市第二天，它的股價就跌破發行價

了，「暴跌 11％」呢！就算是你在「暴跌」之前買入，「被割了一批韭菜」，如果抱到今天，獲利是多少倍呢？自己去查它的股價歷史資料吧。

不過關鍵在這裡：

> 等 Facebook 上市的時候，一定不是「早期投資」了，可是，它的盤面更大，它的流動性更好……

於是，**你想投資多少就能投資多少**，而不是有上限的「區區 50 萬美元」……

「韭菜」們片面思考，他們永遠只看「市價」，進而得出結論「現在已經太貴了！」，於是，他們總是去找「更便宜的」，總是去找「更早的機會」……殊不知，這種片面的思考，恰好是無形的鐮刀，正在一次一次地割著自己。

早期投資真的不是誰都能做的，先不說那必要的人脈，只說資金結構就不對了。做早期投資，必須有能力投 100 個 50 萬的項目，意思是，如果一個項目投 50 萬，那麼至少準備好 5000 萬才行，就

算你認為自己的判斷力比別人強一倍以上，你也必須拿著 2000 萬才能去嘗試 50 萬一個的項目，不是嗎？

韭菜，顯然是不滿足於實際條件的。不夠資格，卻要猴急著去做，風險就會被無限放大。

投資早期專案，絕對不是韭菜應該做的事情。你必須累積到一定程度之後，再接觸這方面的機會，否則，你一定會反覆被割。

18

你要學的不是標的分析能力

　　學任何東西，都是為了「用得上」。但是問題在於，有些能力需要很久才能磨練出來，那等不及的時候怎麼辦？如果，一項能力需要很久才能磨練出來，結論當然不是「那就不學」了，正確的結論是：

　　先學，但不著急用，等夠用了再說……

　　然而，**總有一些可以「現學現用」的有效技能。**善於學習的人，其實就是善於辨別技能的這方面屬性，他們會判斷什麼東西要慢慢磨練，什麼東西要迅速上手，迅速實踐。

　　韭菜們依樣畫葫蘆去研究「標的分析能力」的

時候，和錢鍾書筆下「小鎮裡研究時髦的女人們」一模一樣，都花了時間，都花了精力，結果卻只能是東施效顰而已。

你就別做這種事了。這是你要慢慢觀察，慢慢整理，不斷反思，甚至還要不斷否定自我最後才可能獲得的技能。也正因為如此，這個技能不能亂用，不能馬上用，反正，你必須耐心磨練它——至少三年。

那你要學的，能馬上用的，究竟是什麼呢？

本來最重要的一條是：「**進場之後，不要動，看個一年之後再動手買**。」因為這樣的話，你已經「更聰明了」……不過，這一條你沒機會享用了，因為你跟絕大多數人一樣，已經「被割了一次」。

那……還好有我！讓我來告訴你第二條，這一條你能馬上用到，並且你還來得及學，來得及用。

> **只買交易量最大的那一、兩個或者兩、三個標的。**

這是一種智慧。暫時放棄自己的智商，去相信

整個市場的智商。市場都幫你選好了，為什麼不聽呢？

這真的是很難理解又很難做到的事情。一方面，自己要不斷進步不斷學習，至少防止自己一點一點變笨；另外一方面竟然還要暫時放棄自己的智慧……太矛盾了吧？！

也許這就是為什麼經常有人錯誤下結論說「投資是很違反人性的活動」的原因吧？

其實這完全不矛盾，甚至其實一點都不違反人性：

> 既然自己最早的時候智慧不足，那麼暫時放棄，讓它在一旁靜靜磨練，有什麼不對呢？放棄了自己的智商，並不表示智商無處可尋呢！市場是有智商的，並且市場常常更聰明，你難道不信嗎？等你的智商磨練到一定程度的時候，也就會理解了……

所以，這麼做不是「違反人性」、與人性相悖的。其實只不過是過去的你並沒有磨練過自己的

學習習慣和方式。過去的你總以為任何事都是需要學好了才能用，你也不知道這世界真的有些東西是可以現學現賣，且不知道這麼做的確才是最棒的選擇。

我來說個真實故事，看看能不能有所啟發。

> ● 曾經，在上海的股市裡，有一支力量，人稱「漲停敢死隊」。他們的方法很簡單，只要看哪一支股票快漲停了，就衝進去，第二天再等一個漲停板，第三天開盤以後就跑。如果第二天快休市的時候竟然沒有漲停，就馬上跑。就這麼簡單。這一夥人操作了十幾年，竟然從幾萬塊錢翻到了不知道多少錢……
> ● 他們很老實，「我們沒什麼讀過書，笨嘛！所以就不想了，反正想也想不通。哪一支股票快漲停了，就說明市場已經幫我們想好了，我們就只管下手幹！」

你當然不應該依樣畫葫蘆，但是，你可以從這個真實案例中看到人家是如何避免成為「韭菜」

的，人家有停損策略，人家有停利策略，更重要的是人家有放棄自己智慧的智慧，和放棄自己智慧的勇氣。

暫時放棄自己的智商，還有另外一個定律當作基礎：

- 在交易市場上，漲得兇的，會漲得更兇；跌得狠的，會跌得更狠……於是，
- 所有東西都在漲的時候，一定要選那個漲得最猛的；因為機率上來看，或者說，市場在教育你，它更可能漲；
- 在所有東西都在跌的時候，一定要選那個跌得最少的；因為機率上來看，或者說，市場在教育你，它最抗跌……

也許你會想，這不是在教我投機嘛！—— 別急，早晚你會有自己的結論的。只不過，在最早期的時候，你智商還不夠，所以，必須暫時放棄智商的使用（而不是放棄智商的鍛鍊）而已。

只要觀察一下「韭菜」們，你就知道你有多

明智了。他們的「智商」是隨著 K 線跳躍的，而且也隨著「下注」與否倍增的……漲的時候他們囂張跋扈，跌的時候他們像是喪家之犬。你想跟他們一樣嗎？——嗯，我好像聽到遠處有人大喊了一聲「No！」。

19
韭菜沒有生活甚至沒有性生活

2013 年的時候，我在北京的車庫咖啡演講，最後五分鐘，我對所有聽眾提了一個中肯的建議：

> 記住，你要有生活，而且，生活最重要！

過了五年之後的今天，你自己打開網路的搜尋引擎，輸入關鍵字「區塊鏈性生活」，搜尋結果第一頁的文章隨便點開一篇看一看吧……那些文章，事實上並不是開玩笑，是確有其事。

新手成長為「非韭菜」，最重要的手段，你讀到現在還記得嗎？

降低交易頻率

這看起來無比簡單的方法，最後卻很少有人做到，為什麼呢？

因為我們是人，我們天生的基因已經決定我們喜歡關注變化。在生活中也一樣，我們關注的都是動態的東西，而不是靜止的東西。這就是為什麼絕大多數人喜歡養小動物，相比之下，喜歡養花種草種樹的人少很多很多……

衝進交易市場的新手，一上來就會被 K 線上各種相關跳動的數字和指標所吸引，這很正常。中國人參與 A 股市場交易相較還算是很幸福的──每天早上那麼晚才開市，兩個小時之後午休，下午也是很早就閉市了……所以，就算你想盯著看，也就那麼一下子，每天還有超過十幾個小時根本乾脆沒得看。所以，你幾乎從來不會聽說過 A 股市場上的交易者沒有性生活的。反正閒著也是閒著。

區塊鏈的世界不一樣。區塊鏈的交易市場裡的交易 24 × 365，永不停歇。就算某一家交易市場系統崩潰，當掉了，還有另外超過萬家的交易市場

在運作。中國 A 股的股民，基本上只會在一家（最多兩家）交易市場交易；區塊鏈交易者呢，永遠時時刻刻開著五、六家交易所的交易介面在操作，很多韭菜們恨不得把一台電腦接上五、六個大銀幕！

韭菜們的生活，甚至性生活，究竟被什麼剝奪了呢？真的是區塊鏈嗎？雖然罪魁禍首看起來似乎就是區塊鏈，但冷靜的我們知道區塊鏈一定是被冤枉的！究竟是什麼呢？是這個東西：

Fear of Missing Out，縮寫 FOMO，另一說是 Fear of Missing Opportunity。

FOMO，「**對喪失機會的極度恐懼**」。FOMO 幾乎是最有群眾基礎的東西，而且越是底層的人，越容易被它左右。你看看直銷或者微商的宣傳口號就知道了，幾乎是千篇一律的：

你已經錯過了 XXX，後來你又錯過了 YYY，現在你還想錯過 ZZZ 嗎？！

越是缺乏機會的人越是容易被這樣的句型煽動。冷靜下來想一想你就懂了，如果你是個並不缺乏機會的人，就算比特幣價格漲翻天，你會因為這個事實而焦慮嗎？不會的！因為你有別的機會。

2018 年春節的時候，有一群人創了個「三點鐘」群組。整天不睡覺，凌晨三點還在聊，甚至在別人快醒了的時候，他們才剛開始聊。話題穿越宇宙，從歷史到哲學，從數學到工程，阿貓阿狗在裡面用著各種意味不明的經濟學名詞（大多數都是膚淺的，甚至是錯的）……他們真的是「興奮」嗎？從另外一個角度看過去，他們只不過又是一批「FOMO 恐懼症患者」而已。每一次市場週期，都會有這麼一些人。我已經經歷了三、五次大大小小的牛熊交替，這種情況、這種人見得太多了，他們說的話其實都是在重複之前已經離開的那堆人說過的話，完全沒有任何差別，卻都好像是發現了新大陸一樣。

然而，尷尬的是，你已經入場了。更尷尬的是，你已經深刻地體會到了 FOMO……那怎麼辦？

｜ 從今天開始，更加努力、更加認真地生活！

生活中有很多內容。我當年是靠這樣一個做法調整自己行為的：拿著紙筆列出我自己生活中自己覺得重要的部分，例如，經過篩選，我覺得朋友是很重要的一部分。那麼，與好朋友維繫、加固長期關係，需要做什麼呢？我接著又列出了好幾張紙，經過篩選，發現「一起吃好吃的」是特別重要的一項。於是，需要填滿時間的時候，我就開車出去四處找好餐廳……通常是試了好多家之後才發現一個特別優秀的，如果那家店有好幾家連鎖店，我就都去一遍，在裡面挑出最好的一個分店——大熊烤羊腿這家餐廳，北京的甘家口店就是四家分店之中對我來說最好的一家。

你喜歡讀書，就去買更多的書，安靜讀完；你喜歡彈琴，就去找更多的曲子來練；你喜歡看電影，就去買更好的影音設備，蒐集更多的資源……**一定要學會自娛自樂**，善於自娛自樂，這是頂尖交易員必備的最重要技能——它甚至比交易判斷都要重要一百倍。對我來說，連寫書、寫文章都成了「自娛

自樂」的主要方法之一。

　　如果你不善於自娛自樂，如果你不把大量的時間用於認真生活，那麼你就沒辦法降低你的交易頻率，那麼你就會變得跟韭菜一樣整天盯著螢幕，跟女朋友做愛都要把手機放在伸手可及的地方……如果真的是這樣的話，你就慢慢等著變成一根更不可能有性生活的老韭菜吧。

20

孤獨是成功交易者最寶貴的特質

你可以是新手，但你必須不是韭菜。你可以被割一次，但你必須不能再次被割，當然也絕對不能永遠地被割……所以，你還必須做一件事情：

▎孤獨地交易

高手們不重視「正確」，因為誰都可以正確，這並不是什麼太難的事情。真正難的事情是，你不僅正確，還與眾不同地正確。「**特立獨行而且正確**」，才可能產生巨大的交易價值。

當人們都不看好比特幣的時候，你買入了，且

在隨後人們長期在各種媒體上各種宣佈比特幣死亡的時候，你卻一直在持有……你正確了，而且與眾不同地正確，所以，你可以賺到別人無法想像的報酬。當 2017 年 9 月中文媒體一片罵聲，說「EOS 在販賣 50 億美元的空氣」的時候，你竟然一直在默默加倉，到了 2018 年 6 月，EOS 官網上線你依然持有，那麼，你正確了，而且相對於市場特立也獨行，那麼，就算是到後來人們看見價格「暴漲暴跌」的時候，你依然保持著將近 10 倍的報酬……所以，等到全世界都在為之瘋狂，都得出正確結論，甚至是太過正確的結論的時候，那正確就沒那麼有價值了，無論對你而言，還是對大家而言。不是嗎？

「共識」可能會產生價格（其實不一定是價值）——這在區塊鏈領域裡是新老韭菜們掛在嘴邊的一句話。然而，你必須明白，「共識」指的是看市場交易價格而得出的結論，意思是，部分正確的結論——換一個角度看，你可能會得到另外一個完全相反的結論。正所謂「橫看成嶺側成峰」。絕大多數「共識」事實上是沒有價值的。

前面說過，「最早的時候可以暫時放棄自己的智商」。而現在所描述的是，經過一段時間之後，你已經練就了屬於你自己的思考能力、研究能力、判斷能力之後的情況。

有位朋友曾經向我分享他的判斷原則：

- 聽大多數人的話
- 參考少數人的意見
- 自己做決定

「聽大多數人的話」的意思，並不是說「按照人家的意思去做」的那種聽話，而是「聽到」的「聽」。在交易市場裡生存的時候，這一條原則就算了，「聽大多數人的話」，很累，很吵，很沒有新意。「大多數人」翻來覆去說的都是老生常談，講了一遍又一遍；走一批再來一批，說的話還是一樣的……甚至連看新聞也是浪費時間沒有多少意義，絕大多數文字工作者，其實是商業的門外漢，畢竟術業有專攻。

所以，早晚你會明白，用兩條就夠了：

- 參考少數人的意見
- 自己做決定

隨著時間的推移，你的思考越來越深入，最終的結果是，「少數人」不存在了，你身邊沒有誰能跟你討論，沒有誰值得你去參考——在一條路上走得越來越遠，最終肯定形單影隻，這是沒辦法的事情。於是，只剩下一條：

- 自己做決定

走到這一步的時候，我猜你一定已經掌握了很多判斷，掌握了很多方法，當然也累積了不少的財富。剛開始的時候覺得孤獨，後面就不再如此感受了。就好像你過去生活在一個市集之中，現在你在森林的某一處安頓下來，雖然房子不大，但整個山林都像是你家的大院。雖然沒有人聲鼎沸，你可以開始聽到的是其他的聲音，比如鳥叫獸鳴……

更久之後，你會衍生出你的生活工作方法論。例如，在交易上，你就是獨來獨往的；在生活裡，

你絕不獨來獨往，你廣結各路善緣，並且不斷想辦法讓生活更多姿多彩。於是，你會明白，只在生命中的某一個狹小的領域裡孤獨，不但不可怕，還很享受。

事實上，在任何領域裡，想要把手中的事情做到極致，都要學會獨處。每個人都有不同的屬於自己的獨處方式。我喜歡開車在城市裡遊蕩，為什麼？我對各種所謂的駕駛體驗並不癡迷，但開車確實是我比較喜歡的「獨處」場景。車裡是一個相對乾淨、安靜的封閉空間，上路之後有充足的理由拒接一切電話（手機廠商早就應該在偵測到手機正在以車速位移的情況下自動拒接電話，自動回應對方「您撥打的號碼可能正在駕駛狀態」）……尤其是有了特斯拉的自動輔助駕駛之後，就更好了。我的很多判斷、很多構想、很多決策，都是在車裡做出的，因為**「獨處」是提高生產力的最佳方式之一**。

一定要善待自己的「孤獨」，這非常重要。

在交易市場裡，這一點非常明顯：**你必須，也只能為自己的決策負責**。賺了是你的，賠了也只能是你的，因為那是你的決策，你是用你自己的錢在

做交易。所有由此而生的經驗與教訓，都是你自己的，你很難推廣，因為別人不是你，跟你不一樣，有他們自己的交易歷史，有他們自己的偏好，有他們自己的耐受力……

到最後，你會明白，**你最終的收益和你的孤獨程度一定會是正相關，高度一致**。如果你在這方面害怕孤獨，那甚至連「韭菜」都別當了，直接離開交易的世界吧，因為這裡對你來說真的非常不安全……

21

生活之外還必須有工作和學習

　　你已經看到了，「韭菜」的習性是，除了交易只有交易，什麼都不要了……即便是有人苦口婆心地告訴他們降低交易頻率才是逃脫韭菜宿命的唯一方法，他們也不會停的！為什麼呢？連性生活都放棄了的人，還能聽進去什麼呢？說來好笑，我真心覺得「韭菜」非常佛系——因為他們已然放棄了「紅塵」。

　　然而你不一樣，你要認真生活，你甚至要享受孤獨。

　　更為關鍵的是，你還有工作，你還有在學習……只有這樣，你才是時時刻刻有進步的人；只

有這樣，你才能擺脫韭菜宿命。前面強調過「場外賺錢能力」，缺乏的話你就會「命短」。那現在說的就是「場外大腦成長能力」，缺乏的話你就會「體弱」。

韭菜們最喜歡掛在嘴邊的一個詞彙就是「ALL-IN」（翻譯成中文「全身投入」倒也感覺怪怪的）。他們無法理解的是，正因為他們的這個所謂「ALL-IN」，他們才變成韭菜的，到最後只不過是一根老韭菜而已……因為他們的 ALL-IN 基本上最後化為行動，變成了「資金 ALL-IN 交易市場」——這是參與交易者的大忌！

成功交易者的一個基本要素就是：

> **在任何時候都持有一定比例（或者至少一定數量）的現金。**

因為他們知道，他們身處在怎樣的一個高風險環境裡。他們知道就算自己的判斷非常準確，這世界也不一定、也沒必要在那一個時刻給出正確的回饋……意外只要存在，就一定會發生！意外出現

的時候怎麼辦？沒現金就沒有任何辦法。這個世界裡，沒有救世主，只有自己準備好的風險儲備金⋯⋯

有了這樣的基本思考，所有成功的交易者最終都會做出一樣的選擇：

在交易市場裡，無論是現金、時間還是生活，都絕對不可以 ALL-IN。

為什麼？**因為有風險！**

這麼做的中心思想，不僅僅是為了風險預防，更重要的是，**成功的交易者都知道，自己最需要的，除了現金之外，就是自身的成長**。到最後，所有高品質的交易決策，都來自自己的成長⋯⋯或者說得更精準，是自己的成長高度與那些拒絕成長之人所擁有的普遍認知水準之間的「認知落差」，那些收益，根本就是一座「認知落差瀑布」。

成長來自哪裡？工作經驗、努力學習。

常常有以前的學生來找我，說想要學習做投資，全職做投資。我的答案一直都是一樣的，但很

難說清楚，很難被理解：

- 首先，投資也好交易也罷，絕對不能當作「全職工作」……因為你一旦「全職」，你就沒辦法成長了，你必須把大量的時間花在生活、其他工作以及學習上……否則，你注定是另外一根韭菜。

- 更重要的是，投資也好交易也罷，尤其絕對不能把它當作一個「拿薪水」的打工工作。一旦你拿著薪水，你的大腦就開始往另外一個方向上被塑形。為什麼「孤獨」是這個領域裡最重要的特質之一？我再給你一個理由：因為你獨自一人的時候，沒有「表現」、「表演」的心思或需求。人在被觀察的時候，動作都會失常──這也是為什麼國際撞球比賽的選手在家裡隨隨便便都可以打個滿貫，到了國際決賽的時候，想打出個滿貫就沒那麼隨便、沒那麼容易的原因，因為他們所感受到的外部觀察影響了他們的行動。

所以，你把投資和交易當作全職工作，甚至是拿薪水的全職工作，本質上就是很危險的。大腦重塑雖然可能，但是，一旦長期塑造之後，再想逆轉，會非常非常困難。愛惜自己的腦子吧。

　　長期以來，我手上做著很多事情，一方面的原因是為了做到「想盡一切辦法主動降低交易頻率」，另外一方面更重要的原因，在於我害怕停滯，我害怕自己不成長。因為如果不成長，那麼，自己就無法應對後面接踵而來的各種挑戰……**失敗並不可怕，可怕的是面對失敗無能為力**。

　　所以，交易之外，要有很好的生活。好的生活，不是放在那裡就可以的，是要尋找、培養、經營的。除了生活之外，還要有工作，不一定非要是與投資交易相關的工作，無論什麼樣的工作，只要想做到極致，就很難，然而，只要做到了，就一定有成長，有新的境界。生活工作之外，還要做學問，現代人最幸福的地方就是可以不帶生活壓力地學習，而學習的目的，不是為了更高的薪水、更高的社會地位，只是為了滿足自己的好奇心，為了讓自己的大腦繼續成長……

22

認識週期、識別週期與把握週期

　　幾乎所有的人，衝進交易市場的時候，都自然而然會犯下一個錯誤：一進場就買買買。之前的解釋是，之所以犯下這個錯誤很自然，因為他們是在牛市尾巴裡衝進市場的。

　　更深層的原因是什麼呢？更深層的原因是，這些人（包括當年的我）在衝進交易市場的時候，腦子裡就沒有「週期」這個概念。如果交易者腦子裡有這個概念，理解這個概念，擅長活用這個概念，那他就不太可能把交易當作零和遊戲了，不是嗎？

　　以後你仔細觀察一下就知道了，韭菜們只喜歡談**趨勢**，而**週期**是他們腦子裡根本不存在的概念。

他們頂多會說：

- 「現在是上升趨勢……」
- 「現在是下降趨勢……」
- 或者，「這是大趨勢！」

這種描述雖然有時候還算管用，但更多的時候卻是膚淺的、危險的，因為一個上升趨勢要加上一個下降趨勢才構成一個完整的週期。而實際上，**真正的趨勢常常需要在多個週期（至少 2 個）之後才能真實展現**。

如果我們探究的是真正的趨勢，就會發現，上升與下降只不過是一個真理的表象 —— **現實的經濟裡沒有直線，只有波（動）**。

在一個很長的波段中，從任何一個點往前往後看，看起來都像自己身處在一條直線而不是曲線上，就好像我們站在地球上卻很難發現我們自己其實是站在球面上而不是平面上一樣。

一個上升與一個下降構成一個週期。兩個或多個週期之後，如果我們發現曲線就好像是數學課本

裡的 sin 曲線的話，那所謂的「趨勢」實際上就是一條水平線而已，而我們常常提到、也常常在尋找的所謂「趨勢」應該要不是上升、就是下降的一個線條才對，因為「水平」等於「無變化」，無變化就無趨勢。

這就解釋了為什麼有些人認定的所謂的趨勢，在另外一些人眼裡根本談不上是趨勢，因為後者重視的是一個以上的週期之後所顯現的真正趨勢。這也解釋了為什麼「追高殺低」的人一定會吃虧，因為他們所看到的並不是實際的趨勢，他們看到的與掌握的只不過是幻象而已。

這裡有個重點，以及有趣的現象：

> 所有的韭菜都打從骨子裡認為，自己正在交易的標的是不會持續長期增長的……

所以他們才「快進快出」，所以他們才根本無法長期持有，所以他們才「絕對沒有辦法降低交易頻率」……雖然衝動的時候他們甚至會用「終身事業」之類的詞語來修飾自己正在做的事情，但，骨

子裡他們就是不信該標的的長期增長。

問題在於，你正在交易的這個東西，如果你不確定是它可以長期增長的話，那你在幹嘛呢？好奇怪！

話說回來，**關注週期，以及多個週期背後顯現出來的真正趨勢，會給你一個全新且更為可靠的世界和視界。**

「……我要是能在熊市底部建倉，而後在牛市頂部出脫就好了……」——又來了，你的腦子裡閃過的這個想法，證明你還是個不成熟的小孩子。

但說實話，理論上來講，這也是一個有志向的新手最後應該學會的技能。但，志向不能這麼小吧？因為你想的只不過是「把握一次牛熊」，而不是「穿越多次牛熊」……巴菲特老爺是怎麼說的？「我喜歡的**週期**是**永遠**……」這句話裡的「週期」，指的不是我們正在討論的週期的含義，但是，他喜**歡永遠**，為什麼？因為走到一定程度之時，你能賺到的錢已經超出了你的消費能力，所以，剩下的那些，拿著一年還是拿著兩年，還是拿著永遠，又有什麼差別呢？

如何把握週期呢？有很多種理論，最終，在我

眼裡只有一個東西簡單可靠，容易上手不太可能出錯：**仔細觀察體會絕大多數交易者的情緒**。牛市裡，FOMO 情緒達到頂點，各種投資者開始 ALL-IN 的時候，上升趨勢漸漸到頂了；熊市裡，大多數「韭菜」經過失望謾罵而後居然平靜的時候，下跌趨勢漸漸到底了……

有兩個著名的圖表，可以讓你理解得更為深刻。一個是「**庫伯勒—羅絲改變曲線**」（Kübler-Ross change curve），一個是「**新生事物的發展過程**」（Transition Curve）。

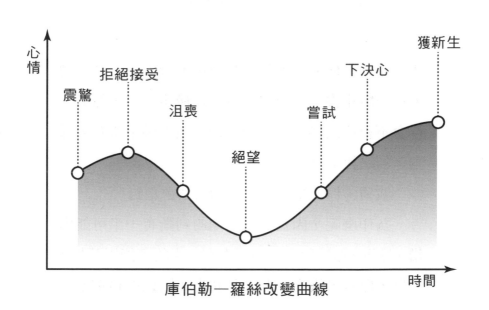

庫伯勒—羅絲改變曲線

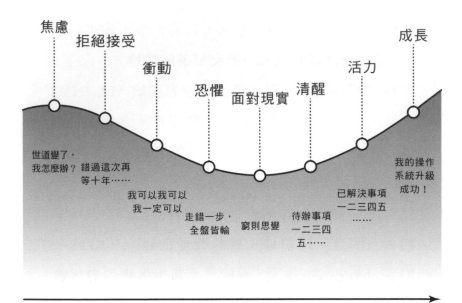

焦慮

拒絕接受

衝動

恐懼

面對現實

清醒

活力

成長

世道變了，
我怎麼辦？

錯過這次再
等十年……

我可以我可以
我一定可以

走錯一步，
全盤皆輸

窮則思變

待辦事項
一二三四
五……

已解決事項
一二三四五
……

我的操作
系統升級
成功！

時間

新生事物的發展過程

　　如果，你還沒衝入交易市場，卻不小心先讀到
了這一本小書，甚至已經讀到這最後一節，你猜，
你會不會避開第二節裡提到的那個「幾乎所有人都
犯下的錯誤」？

　　我猜，你還是有 3 ／ 4 的機率會犯錯。

　　為什麼呢？因為你對週期的判斷有一半可能出
錯，然後，你控制自己的能力有一半的可能不及格，
於是，你勝出的機率大致上也就只有 1 ／ 4 而已。

控制自己是天下最難的事情。以後你會知道的，當你反省自己行為的時候，讓你最難過的，會是想到那些「你自己明明知道應該怎麼做卻事實上沒那麼做」的情節。**越是簡單的原理越是難以遵守**，就是這個原因。而當你意識到自己沒控制好自己的時候，你甚至很難想像究竟是什麼原因造成了那種情況。我也經常覺得莫名其妙——而最後找到的解決方法也很不明確：增加獨處的時間，增加自我責怪的時間，讓自己更難受一陣子，希望能記下那個痛苦，希望如此這般能夠避免下一次做出同樣的傻事⋯⋯

結語

你不是韭菜。

你從來都不是韭菜。

你頂多是「差一點就變成韭菜」而已。

就算當初你一入場就像他們說的「被割了一次」……

剛開始的時候，我們透過研究人們使用「韭菜」造句的場景，分析出這麼一個關於「韭菜」的定義：

> 所謂的「韭菜」，指的是在交易市場中沒賺到錢甚至賠錢的勢單力薄的散戶。

我如果不是花了時間精力認真寫這一本小書，我也不會想到更清楚更準確的定義：

> 所謂的「韭菜」，指的是那些在本質上並不是

零和遊戲的交易市場裡以為自己在玩零和遊戲的交易者。

不管這種交易者的資金是多還是少，本質上他們都是「韭菜」，有著同樣的「韭菜宿命」。也就是說，「韭菜」這個概念跟散戶沒有必然關聯。韭菜之所以是韭菜，只不過是因為他們腦子裡的基本假設一模一樣地錯了——他們永遠都在一個**非零和遊戲**裡按照**零和遊戲**的思維去決策——所以他們之後的一切思考、決策都是被這個錯誤所局限，以至於他們理直氣壯地做出錯誤的決策，而後又不斷地理直氣壯地為自己的錯誤決策進行一廂情願的合理化，如此反覆輪迴……

- 老鷹樂團的《加州旅館》裡，有一句歌詞：牢獄心生兮自鎖門……We're all prisoners, of our own devices...
- 韭菜的宿命不過如此了吧！

你不一樣呢！——雖然你差點就變得跟他們一

樣，我真的很羨慕你，讀過這本小書！咳咳。

你知道這不是一個零和遊戲，從此你能一步一步得到很多很多扭轉乾坤的結論……雖然你可以暫時放棄自己的智商，但與此同時，你沒有忘記鍛鍊自己的智商，於是，你漸漸變成一個有章法的交易者。

你能看到週期，你能判斷自己應該在什麼時候用什麼樣的頻率交易，你有能力為自己的行為負責。你再也不用幼稚的「非黑即白」、「你壞我好」之類的二元邏輯去思考，你能藉由表象研究實質，你總是嘗試去尋找能夠更加完整地解釋這個世界的規律及其方法論。你甚至可以控制自己的情緒和行為，你最終扳回了局勢，你沒有被那「自然而然的錯誤」所擊敗……你，憑什麼是韭菜?!

李笑來用這一本小書祝福你：

好人一生平安……

附錄

I

李笑來從來都不是比特幣「首富」

　　在最早的時候，很多比特幣愛好者特別把比特幣的**匿名屬性**當件大事，而我卻對這種觀念嗤之以鼻——那美鈔、法郎、港幣、澳幣、人民幣哪個不是匿名的？你在紙鈔上面寫字還可能犯法呢！所以，我長久下來尤其看不慣那些神祕、囉嗦乃至於顯得鬼鬼祟祟的比特幣持有者。2011 年的時候，我甚至在自己的部落格上面加了一則廣告：「長期收購比特幣」。

　　到了 2013 年，央視記者採訪我的時候，人家問我有多少個比特幣，我覺得沒什麼必要隱瞞，但也沒必要說那麼清楚，所以回答是：「六位數，第

一位是 1……」沒想到這樣一問一答，是個「標籤」也好，「帽子」也罷，就落到了我的頭上 ——「比特幣首富」。

但是事實上，**李笑來從來都不是「比特幣首富」**。在當時的情況下，我在中國境內就認識兩位比特幣持有數量比我更多的人。即便到了 2018 年，還是至少有兩個我認識的人比特幣持有數量比李笑來更多 —— 只不過，不再是 2013 年的那兩個人而已。

2015 年到 2017 年期間，我還因為雲幣交易平台折損了九千多個比特幣。那時候，雲幣的銀行帳號經常被凍結，說是疑似有「黑錢」進入，那為了讓開發團隊放心，就算有出現擠兌的情況也沒問題，我只好賣一些幣，存到銀行裡……常常是一等就好幾個月，有時候甚至好幾個帳戶都被封了……等到幾個月後帳戶解凍，那些錢能拿回來重新買幣的時候，我只能買回三分之一、五分之一、六分之一的比特幣……所以，我現在更不是中國持有比特幣最多的人了。

說來也是神奇，就算是不到六位數的這些比特

幣，都源自 2005 年年初的 4,600 元人民幣。當時
我還在新東方教書。有一天被通知，說是「由於教
學品質優秀」，所以獎勵李笑來 2,300 股新東方股
票認購權，總計需要繳納 4,600 元人民幣。當時的
我多少有些失落，因為我還是進公司太晚……資深
教師們前兩年可是拿到幾萬股甚至幾十萬股的。不
過，我也沒什麼脾氣，就去交了錢。2006 年，新東
方在紐約證交所上市成功，於是，我這個跟海外沒
有半點關係的土包子，竟然有了一個海外帳戶……

　　新東方上市之後，我身邊的同事們紛紛換車換
房之類的，可是我沒動作。為什麼呢？不是因為我
有定力，而是，那真的不值多少錢啊！拿回來再繳
稅之後，連一輛福斯捷達都買不起……當年的上市
價格相當於 30 多元人民幣，但是，還有另外一個
事實：4 股合 1 股！所以，新東方上市之後，我所
擁有的新東方股票，只有 575 股！

　　之後我陸陸續續做了一些交易，最終換成了蘋
果股票 —— 只是因為自己開始使用 Mac 電腦。到
了 2011 年年初，這些股票大約值 10 萬美元……

　　到了 2011 年 4 月底，我開始買比特幣的時候，

野心不大，只動用了 1 萬多美元，均價 6 美元，買了 2,100 個——當時覺得，如果這事情真的可靠，那麼「我要是擁有一個經濟體的萬分之一，也很屌哦」！

你看，**我也曾經是所謂的「韭菜」，一進場就買買買**，然後呢？一個月之後，比特幣價格從 32 美元開始跌落，兩、三天就腰斬了⋯⋯24 美元的時候，我閃過一個念頭，賣掉了其中的 3／4，即，把本金留在裡面，想著「用利潤去挖礦」——想得很美的！

結果呢？當比特幣價格「暴跌」的時候，我想得更美了，覺得自己跑得夠快⋯⋯然後呢？然後我的這第一批 2,100 個比特幣全軍覆沒。

後來我在《南方週末》採訪我的時候也講過那段經歷，反正以「慘敗」告終。然後那留在交易所裡的 1／4 呢？你聽聽那個交易所的名字就知道了：MtGox⋯⋯這家交易所在 2011 年經歷過一次「脫褲子」（駭客入侵一種戲謔的說法），我剩下的那 500 多個幣也通通不見了！

我鬱悶了好幾天，覺得自己確實經歷了一場水

中撈月。

但我突然明白，之前的行為全是錯的！甚至，在遇到這些挫折的三、四個月前，我和我的一位朋友錢贇在上海的一家咖啡館，經過討論得出了一個結論：「直接花錢買幣是最划算的」——「因為，在金融的世界裡，沒有什麼人的體力和智力比資本更屌，所以，拚體力、拚智力都是錯的！」可是，我怎麼會把已經想通的道理忘得一乾二淨呢？！懊惱歸懊惱，我做出了一個決定，把股票帳戶慢慢清掉，用美金買比特幣……

那時候已經是 2011 年的八、九月份，比特幣的價格進入了一個漫長的下降過程……我就一路買，有時價格升起來了，就賣出一些，跌得更低了，就再買回來。那時候的交易所沒有現在這麼發達，交易所裡面的實時回饋也很少，所以，主要靠的是論壇上聯繫礦工。到了 2012 年五、六月份的時候，真的買賣不動了，現金也花光了。於是，我算了一下，我大約投入的總資金是 16 萬美元（幸虧那段日子的蘋果股票漲得又快又穩定）……我中間遇到好幾次騙子，折損了 5 萬多美元，最後，我手上

108,000 多個比特幣的均價是 1 美元多一點點……但事實上，我從來沒有買到過 2 美元以下的比特幣——說明我的交易成績還是不錯的，因為在熊市裡建倉其實相對容易。

為了讓自己不再交易，我把電腦上的 Host 檔改了一下，所有跟比特幣相關的網址都被我解析成了「0.0.0.0」，所有跟比特幣相關的郵件清單都被我在 Gmail 裡設定了過濾條件，直接跳過收件匣放進 Archive 資料夾……（後來吳忌寒才跟我說，2012 年 8 月，他在「烤貓」要創業的時候給我寄過郵件，我沒回覆……事實上是我沒看到，所以我當然錯失了成為烤貓原始股東的機會！）

到了 2013 年 1 月，我從朋友口中聽說比特幣價格漲回到 10 美元，想了想，覺得那也沒多少錢吧！就沒當一回事，到了 2013 年 2 月 28 日，比特幣價格回到了當時的「歷史最高點」，32 美元，結果，我看到了一篇對我來說「醍醐灌頂」的文章。

這篇文章是在講什麼的？這篇文章是一根「韭菜」發的日誌，內容大概是：

> 既然比特幣已經漲到了歷史最高點，於是我賣掉了我所有的比特幣（Since the price of Bitcoin has returned to its historical high, I've sold every Bitcoin in my pocket）！

這篇文章讓我突然覺得好笑，「**好不容易解套了**」的模樣躍然紙上——當然，事實上是我的可樂全都一口噴在了銀幕上！這個人從反面提醒我，我不應該成為他那種人！於是我繼續勸服自己無動於衷……結果呢？結果接下來 30 天不到的時間裡，比特幣價格竄升到 100 美元！

我就這樣，第一次經歷了「手握一個資產直到 100 倍」的過程。從那個時候我才有機會開始認真考慮投資的技能從何學起，向誰諮詢，如何鍛鍊，怎樣實踐，又需要從什麼地方反覆思考……結果呢？從 2013 年年底開始的投資活動，一直到 2016 年年初，幾乎我所有的投資活動都是失敗的，無論是在比特幣領域之內，還是比特幣領域之外！現在回頭看，廢話，當然必須失敗！沒有經驗，沒有人脈，甚至沒有思考的方法——你不失敗誰失敗？！

直到 2016 年，我才開始感覺「漸入佳境」。並且，這個時候，我不再是「孤身一人」了，我「撿」到了一個我人生中最重要的人之一，就是後來廣為人知的老貓同學。為什麼是「撿到的」呢？因為老貓這個人，是邱亮同學做雲幣網客戶回訪時在上海意外認識的。如果沒有老貓，我就一定會與以太坊完美地擦身而過！他的存在，再一次讓我體會到邏輯的局限，在邏輯邊緣，同樣的理由可能會得到截然相反的結論！雖然我在《把時間當作朋友》一書裡專門講解過這種情況，但自己再一次深刻體會，還是非常震撼的。後來，我們一起投資了很多項目。

　　到了 2017 年，我向內部的合作夥伴宣佈，李笑來再也不為自己賺錢了——因為這沒什麼意義，因為我的消費能力很差，自己花不掉的錢，其實最終不是自己的錢。

　　而屬於我個人的比特幣數量，已經很難再增加了，因為那之後比特幣的價格又漲了 20 多倍……比特幣就是這樣的，越磨越少——這是定律。至於這些比特幣將來怎麼辦？ 2013 年的時候，我在北

京車庫咖啡的一場演講裡提到過我的想法：

> 到最後，我走了，私密金鑰就等於銷毀了……
> 那麼，這就表示說，「流通量」少了一部分，
> 也就是說，我所有的比特幣價值，被「按比例
> 均分」給了那些持有比特幣的人，不管他是
> 誰，不管他是好人還是壞人……這是什麼？這
> 就是「大愛」。

　　最近幾年，我的糖尿病越來越嚴重，2009 年
發現的時候，就已經是胰臟衰竭的狀態……所以，
我的壽命本來就比正常人短。「首富」，有什麼意
思呢？更何況是別人戴在我腦袋上的一個虛名……
很多人誤會我了，以為我很在乎他們以為我在乎的
東西──我在乎的一定是別的什麼。

2

INBlockchain 的
「開源」區塊鏈投資原則

做早期投資很難，新入場的交易者不宜參與這個活動，不管你聽說誰誰誰因此賺了多少錢。然而，當然不是不能學。以下是「INBlockchain（INB）的開源區塊鏈投資原則」，不妨當作你自己學習、參考的框架。

不過，有義務提醒你，有另外一個特別簡單的原則可以瞬間上手：

- 熊市裡你可以隨便買買買！
- 牛市一段時間之後，要開始小心、小心再小心……

區塊鏈是什麼？

區塊鏈指的是一種公開的，由去中心化網路共同維護的帳務系統，提供開放的、不可篡改的底層資料服務。

比特幣是什麼？

「比特幣」這個概念，可以有多重理解——這也是為什麼大家感到迷惑，或者彼此之間很難達成一致理解的根本原因。

首先，比特幣是世界上第一個，也是迄今為止最成功的**區塊鏈應用**。

其次，比特幣是一家**世界銀行**，只不過它不屬於任何權威管轄，它是由一個去中心化網路構成的。

另外，這家叫做比特幣的、去中心化的世界銀行，發行了一個**貨幣**，恰好也叫「比特幣」。

有些人更喜歡使用相對小心的說法，把這個貨幣指稱為 BTC，而不是「比特幣」（Bitcoin）。

最後，即便在比特幣橫空出世的八、九年之後，也很少有人意識到比特幣（或者 BTC）其實也可以被理解為：這家叫做比特幣的去中心化的世界銀行的**股票**。

什麼是山寨幣？

在比特幣出現之後，前後又發行了幾千種加密貨幣。儘管它們中的絕大多數早已滅絕，但仍然有少數依然不僅活著，還活得相當不錯。比如，**萊特幣**，就是一個著名的山寨幣，另外，**狗狗幣**也算是一個著名的例子。

剛開始的時候，許多人認為那些加密貨幣只不過是「山寨貨」，根本就沒有真正的價值。後來，人們見證了那些在他們眼裡毫無價值的東西，不僅長存而且還不斷升值之後，又開始使用另外一些概念，比如「競爭幣」。也許這世界需要不只一家「世界銀行」吧？誰知道呢，或者，誰又在乎呢⋯⋯

我是這麼想的：

> 在市場上，人們買入的價值有兩種：「真正的價值」和「以為的價值」。有個事實不可否認：對於那些買入「以為的價值」的人來說，那些東西和「真正的價值」看起來是一模一樣的。

什麼是 MBA 幣？

MBA 是我杜撰的一個縮寫，代表 Meaningful Blockchain Applications（MBA），意思是，有意義的區塊鏈應用。所謂的「有意義」，是指這些區塊鏈應用在嘗試解決比特幣實際上沒有解決的問題。（比特幣已經解決過的，就無需再解決一遍了！）

坦白說，我個人認為山寨幣並沒有解決任何比特幣沒有解決的問題。我希望（注意，不是「相信」），最後，這世界其實只需要一個世界銀行。

事實上，這個世界需要更多的區塊鏈應用。也許世界上第二個 MBA 幣是 Namecoin，一個去中心化的功能變數名稱服務系統。**以太坊**是另外一個成功的 MBA，使用區塊鏈技術提供一系列的功能，

包括智慧合約。

　迄今為止，許多 MBA 已經運作超過 12 個月，有一些還跑得相當不錯。例如，Sia，簡單講，就是提供了一個基於區塊鏈技術的，去中心化的類 Dropbox 服務。Steemit 是另外一個場上新秀，用區塊鏈技術顛覆了版權領域的商業模式。

趨勢是什麼？

　在過去的幾年裡，比特幣一直在主導整個區塊鏈世界，也是流通市值最大、占比最高的。然而，到了 2017 年 4 月份，比特幣的市值主導地位已經下降至 52％，儘管它的幣值與其他區塊鏈資產一樣是在不斷升值。

　這是個重要的信號。區塊鏈世界不再是一塊土地上生長著一棵樹，它已經是一整座森林了。如果真的如此，那麼下面的預測大致上應該是正確的：

　在未來，比特幣的主導地位將不斷下降，甚至可能低至 5％ 以下。

過去我們都做了什麼？

我個人持有很多比特幣。既然我認為比特幣是這家世界銀行的股份，你就很容易理解為什麼我盡量不去消耗我的比特幣了。

2014 年之前，我投資了**比特股**、**雲幣網**，並且自己長期維護一個項目——**比特沙**，一個比特幣銀行。從 2015 年最後一個季度開始，我和我的團隊開始逐步投資 MBA 項目，不過，我們長期遵守一個相對比較嚴格的投資原則。我們前後投資了 Sia、Steemit、Zcash、QTUM、EOS 等許多項目。一般情況下，我們會同時投資創業團隊的股權，以及他們所發行的區塊鏈資產。目前，我們正在積極參與全球的區塊鏈專案投資。

我為什麼要把我們的投資原則開源？

投資對每一個個體來說，也許是最危險的活動，因為這之中所需要的所有一切都不可能是靠基因遺傳過來的。

每一次真正的創新出現的時候，一定緊隨著大量的騙局。在一個金融創新出現的時候，更是如此。

投資區塊鏈創業公司或他們所發行的區塊鏈資產，是極其危險的，因為絕大多數人之所以被吸引，是因為那傳聞中的極大報酬，而不是因為他們真正理解那些區塊鏈應用所能夠創造的價值。

我們希望能透過「open source—開源」我們的投資原則保護我們自己。就算講好聽點，這個利他行為也只不過是出於私心：因為騙局越少，我們越安全。

原則

有時候，敘述原則遠不如問一些簡單卻又精準的問題來得容易。透過不斷掙扎著為那些恰當的問題尋找絕對的答案，我們就自然而然地遵守了那些原則。以下是一些我們在決定是否投資之前，反覆深入向自己提出的問題：

- 這世界真的需要這東西嗎？
- 它解決了什麼原本沒有被解決的問題？
- 去中心化在這件事情上真的必要嗎？
- 它真的必須帳務公開嗎？
- 帳務公開的存在真的會提高它的效率嗎？
- 它在多大程度上更接近一個 DAC（Decentralized autonomous corporation，去中心化自治公司）？
- 如果我們決定投資，那麼我們應該用我們資金的多少比例去投資？

就是以上這些。最簡單的問題，需要最艱難的思考才能找到更準確更實在的答案。

3

我所理解的區塊鏈

1

第一次聽到「區塊鏈」這個詞的時候，你反應過來它到底是什麼意思了嗎？

「區塊鏈」是 Blockchain 的直譯。對每個人大腦的中文處理系統來說，這三個字放在一起完全無法產生任何有意義的意思。「區塊」，這從來沒聽說過的東西，再加上一個「鏈」，於是，自然而然地，天空中飄散著十億頭霧水⋯⋯

學過英語的人，99％會掉進全世界所有學外語的人都會掉進的陷阱：

無論什麼詞，最多只知道那個詞在字典裡的第一個意思……

　　都知道 fin 的第一個意思①鰭，但不知道那也是③散熱片；都認識 condition ①條件，但不知道④疾病；都認識 school，但並不知道這個詞還可以當做量詞使用，a **school** of fish……嗯，如果這連續三下都沒有打到你，那你真的很厲害了！
　　Block，字典裡的第一個意思是：

　　①大塊，方塊。

　　字典裡第六個意思和第八個意思是：

　　⑥一批、一套、一組……（量詞）
　　⑧（出版）印版。

　　a **block** of information，就相當於是「一組消息」。
　　在比特幣白皮書中，block 這個詞的用法，肯定不是①，而是⑥和⑧：

The solution we propose begins with a timestamp server. A timestamp server works by taking a hash of a block of items to be timestamped and widely publishing the hash, such as in a newspaper or Usenet post.

本解決方案起步於一種時間戳記伺服器。時間戳記伺服器是這樣運作的：為一組（block）記錄（items）的雜湊（hash）打上時間戳記，而後把雜湊廣播出去，就好像一份報紙所做的那樣，或者像是在新聞群組（Usenet）裡的一則發文那樣。

「... such as in a newspaper」，簡直就像是刻意放在那裡的例句解釋一樣。嘆，不得不好奇，「區塊鏈」裡的這個「區」字是怎麼來的呢？神邏輯啊！

block 當作量詞使用，是「批、套、組」——在這裡取「組」，一**組**記錄。那麼，**這些記錄**（item）是什麼呢？在比特幣系統裡，就是每一筆**轉帳記錄**。所以，一個 block 裡面記錄的其實就是

一組轉帳記錄，所以它是什麼呢？其實就是一本帳簿。比特幣系統大約每十分鐘生成一本帳簿，而後，這些帳簿要被連結（chain）起來，形成總帳。

所以，「區塊鏈」要是這樣翻譯可能更容易被廣泛理解：

- block：子帳簿。
- blockchain：帳簿鏈（或者乾脆簡單明確的「總帳」）。

這樣翻譯的好處是「所有人都可以瞬間理解了」，這樣翻譯的副作用是，「區塊鏈」顯然比「帳簿鏈」更加不明所以——通俗易懂的效果之一就是「反正不厲害」。所以，在我看來，這個詞還不如不翻譯，就那麼直接用，直接說 block-chain，也滿 OK 的。

如此說來，支撐比特幣系統的技術，只不過是一個電子帳簿技術。只不過，它使用了分散式網路、加密演算法、共識機制等技術和原理的組合，使得這種電子帳簿①無法篡改、②公開透明。這樣

的電子帳簿，在比特幣之前並不存在。如何做到的，請自行閱讀比特幣白皮書（英中對照版）。

面對任何搞不懂的東西，人們通常的反應是胡亂聯想，扯上無數亂七八糟的東西……當任何一個很多人搞不懂的東西出現時，馬上就會有一群人跑出來炮製出各種似是而非的「專有名詞」，好讓自己被認為是「專家」——不用說，這招還真是屢試不爽。

所以，其實你很容易分辨一個人是不是真的搞清楚比特幣究竟是怎麼一回事，只要他跟你談哲學，談經濟學，談心理學，談政府關係——你就知道了，這傢伙在這件事情上就是狗屁不通。任何人都不可能無所不知，所以不知道並不可恥。但這個小人非要向你證明他是專家，那麼他就是個騙子。至於那些動不動就談信仰的，只能是傻子。

區塊鏈技術，說穿了，一點都不高深！它就是一個分散式自主管理電子帳簿技術，用它做出來的電子帳簿，無法篡改，公開透明。

比特幣是這種電子帳簿技術的第一種應用。

在這樣一個無法篡改、公開透明的電子帳簿

系統中，中本聰實現了一個無需協力廠商中介或仲裁，交易雙方可以**直接**相互轉帳的電子現金系統。

2

　　一個電子帳簿系統或者技術，與「去中心化」的關係究竟是怎樣的呢？不可篡改、去中介，是**目的**；使用「分散式技術」或者「去中心化方式」，只是實現這個目的的**手段**。

　　目的和手段，哪個是重點呢？很顯然，**目的才是重點**，不是嗎？整天拿「去中心化」來說嘴的，都走偏了——不過，這些人都偏得很爽，看起來激進、激烈甚至壯烈，卻是很多人的願望。

　　無論是「分散式技術」，還是「去中心化方式」，都是解決問題的一種方式而已，它們並非無所不能——不信你做出一個「家用分散式冰箱」，或者「用去中心化方式冰鎮一下啤酒」試試！才發現一個「新東西」，就希望它無所不能，不過是沒見過世面的表現而已。

3

從 2008 年年底中本聰發表比特幣白皮書開始算起，十年過去了。

絕大多數人依然沒弄清楚比特幣是什麼東西，但已經「懶得質疑」它了——在最初的十年之中，比特幣「被死亡」無數次。

經歷幾個週期之後，比特幣價格從 2017 年年底時的將近兩萬美金，跌到 2018 年下半年的六千美金，雖然是「暴跌」，但全球所有媒體都不再發表像是「比特幣泡沫已經破裂」、「比特幣這次終於走到了盡頭」之類的文章了。

在 2011 年到 2017 年期間，我在任何公開場合，都將比特幣稱為「尚需時間考驗的偉大社會實驗」。現在，已經運行了十年以上的比特幣系統，可以不再被當作「實驗」處理了，我認為它很成功。

4

有些人認為比特幣沒價值，除非它有夠多的用

途（或稱「應用場合」）——那就讓他們繼續如此認為吧。沒有必要去說服他們。

一個建立在新型電子帳簿技術之上的電子現金系統，它的用途是什麼呢？轉帳，是這種現金幾乎唯一的功能，那麼轉帳也就是這種現金的唯一用途，不是嗎？試問，你每天如何應用人民幣？**要不是不使用，否則就轉帳**。

事實上，全球範圍內，倒閉了一批之後又如雨後春筍般冒出來新的一批，這些年前後出現了十幾萬家比特幣（以及其他類比特幣資產的）交易所——交易所，在我看來，其實就是比特幣最大的應用，也是轉帳這個唯一用途的延伸而已。

還要怎樣呢？

5

除了用來轉帳之外，其實比特幣還可以有另外一個類型的衍生功能——只不過，也不知道為什麼，大家堅決不用！

實際上，從一開始人們就可以把比特幣系統當

作一個低成本、不可篡改的資料庫使用。

在此之前，人們所使用的資料庫系統，有四個最基本的操作，用這四個操作的各種組合去完成人類幾乎所有對資料處理的需求，被稱為 CRUD：

- Create 創建
- Read 讀取
- Update 更新
- Delete 刪除

由於比特幣所使用的電子帳簿技術（也是一種資料庫）是不可篡改的，所以，這種新型的資料庫只有兩種操作，或許可以被稱為 RW：

- Read 讀取
- Write 寫入

由於之前沒有用過這樣的「資料庫」—— 甚至，那些用慣了 CRUD 資料庫的人會覺得這根本是一個殘缺資料庫 —— 所以人們在這方面缺乏想像

力，想不出這東西有什麼用。

其實，在很多場合下（當然不是所有）我們需要這樣的資料庫。

隨便舉個例子，出生證明就是個很好的應用實例。現在的出生證明就是一張紙，記錄著父母姓名及其身份證號碼、孩子的出生年月日，最多再加上一個小腳的印記。在資訊只不過是由上述構成的時候，不可篡改、公開透明好像也沒那麼重要。然而，將來的出生證明很可能還需要包含父母的 DNA 資訊、孩子的其他生物特徵之類——想像一下吧，在試管嬰兒與代理孕母越來越普遍的情況下，下一代人為了避免近親婚姻，是不是需要一個這樣的資料庫？必須不可篡改，必須在有隱私保護的情況下能夠讓被授權的人查詢，不是嗎？

這樣的一個資料庫很必要。它並不算大，反正全球人口全都登記上去也不過七十幾億條；只要登記正確了，每個人這一輩子不需要登記第二次；每年增加數量也不是指數級上升，增長率相對並不高……實現這樣的一個資料庫，並不複雜，只需開發一條比特幣側鏈就夠了，成本極低，維護起來非

常方便。

可全球那麼多工程師堅決不這麼用，為什麼呢？最可能的解釋是，這麼搞首先無利可圖，其次，也是更主要的：這麼搞不夠屌！為了看起來很屌，**他們一定要做出屬於自己的「新」東西！**

6

有個嚴肅的問題：

| 我們需要「更好的比特幣」嗎？

答案是不需要——因為它是軟體，理論上是可以升級的。

中本聰的比特幣方案，是個非常精巧的電子現金解決方案，精巧到無可挑剔的地步。

不完美的是人腦、人心。

這是我的個人見解，拒絕討論：

| 比特幣很可能真的需要增加發行量。

可為什麼後來「注定」有分歧了呢？有個很尷尬的問題：

> 長期以來，比特幣的核心維護者（當然只能是程式設計師），在比特幣一路瘋漲的過程中並沒有賺到錢。

其中的原因就不在此分析了，但另外一個同時存在的現象，造成了這些程式設計師與另外一方的矛盾：

> 比特幣瘋漲的過程中，有大批人賺到了很多錢，主要有兩種人：
> ①礦機製造商
> ②囤幣者

後者往往表現得無所謂，因為他們雖然受益匪淺卻一直都是被動的存在。

前者不同，他們是「利益相關者」（按照 Nassim Nicholas Taleb 的話來講，They have skin in the game.），所以，他們有升級軟體的強烈動機——不管他們的解決方案是否真的可靠，看到問題就想馬上解決，是所有利益相關者的本性。

程式設計師不一樣，一方面他們並非利益相關者，賺也沒賺到多少，幹嘛關心有什麼損失？而另外一方面，他們更可能是更嚴謹、更小心的——他們確實深入瞭解所有系統工程的實際複雜程度。

於是，分歧出現，直至出現分裂，最後乾脆分叉……這個分出來的是好東西嗎？很難說。有意義嗎？好像意義不大，因為**比特幣還是那個比特幣**，「利益相關者」的目的也達到了——他們炮製出來了一個對他們來說更加利益相關的東西，至於是不是好東西，那就不重要了。

7

對比特幣在其他方面進行改進有必要嗎？

很多改進不僅沒必要，甚至是愚蠢的。

比如，萊特幣（Litecoin）對比特幣的改進是，確認時間縮短到 2.5 分鐘，這事情有意義嗎？沒意

義。因為 2.5 分鐘從人的角度望過去確實比 10 分鐘短多了，但從機器和系統的角度看過去，這根本沒什麼差別，或者講得更精準，沒有層級上的差異，就好像 0.0000001 和 0.0000004 都約等於零一樣。

當然，很多傻子是想不清楚這麼精闢的道理的，所以，他們還是會去買。不僅有人買，還有很多人買——別以為沒用的東西就沒有人信，算命也沒用，但信之者眾，你難道沒見過？

萊特幣是這麼多年來，眾多「山寨幣」中最長命的一個，比特幣漲，它就跟著漲，就因為那一句宣傳口號「比特幣是金，萊特幣是銀」。嗯，感覺炒作銀的和炒作金的沒什麼差別呢……

所以我才經常感嘆：

傻瓜的共識也是共識——不一定生成價值，但很可能生成價格呢！

見怪不怪。

迄今為止，我個人並沒發現有什麼「更好的比

特幣」，雖然有幾個「有意義的發行版本」，比如 Zcash 和 Dash──它們對比特幣的匿名性做了一定的補充，我認為是有一定意義的。

8

我不認為以太坊（Ethereum）是山寨幣──因為它確實有創新之處，也確實解決了一個實際問題。

以太坊的野心很大，它不再滿足於自己「只是一個帳簿」，它想成為一個「分散式運算機」──概念似乎比「資料庫」大多了！

1994 年出生的俄裔加拿大小夥子 Vitalik Buterin 想要實現的，是一個**圖靈完整的分散式操作系統**！

很酷。

更讓人感到不明所以的是他提出的概念，「智慧型合約」（Smart Contract）。人們就是這樣，又一次為了一個「新東西」而亢奮，又一次覺得這個新東西一定能改變一**切**！人類總是這樣，很傻很

天真。

凡事說穿了之後就沒有神祕感，沒有了神祕感，就沒有了興奮與刺激……可惜。

智慧型合約是什麼呢？其實，很簡單：

> 所謂的智慧型合約，從另外一個角度來看，就是寫入了不可篡改的電子帳簿之中「可執行但不可篡改的程式碼」，如此而已。

不可篡改的資料庫，並非適用於所有的場合；那麼不可篡改的程式碼呢？也同樣並非適用於所有場合，這很容易理解吧？

舉個例子。

你想寫一個兩個人丟硬幣對賭的遊戲，這完完全全可以用「寫入了不可篡改的電子帳簿中的，可執行但不可篡改的程式碼」（即所謂的「智慧型合約」）完成。

然而，如果你想寫一個兩人玩德州撲克的遊戲，就麻煩了……「不可篡改」本身只對「不能作弊」這方面有用——你想啊，你的程式要保證雙方

彼此都不知道對方手裡的牌！都公開透明了，這件事根本沒辦法進行，不是嗎？你說那不能加密嗎？能啊，但加密解密的代碼不還是公開透明的嗎？好像滿麻煩的⋯⋯

不過，兩年多以來，我對以太坊最大的正面評價來自於，它真的**不小心**帶來了一次進步或變革：

● 比特幣讓我們擁有了「可信帳簿」。
● 以太坊讓我們擁有了「可信代碼」。

我覺得這個很厲害。雖然 Vitalik Buterin 並不是從這個角度思考的。很多發明創造者都是這樣的，美適儂、悅己等避孕藥的發明者們並沒有想到這類藥物的另外一個常見應用場合：平復緩解女性因激素含量波動而帶來的抑鬱症症狀。

然而，到了 2018 年 10 月 14 日，Vitalik Buterin 終於反應了過來，發了一條推特，說他後悔當初用了「智慧型合約」這個概念：

To be clear, at this point I quite regret

> adopting the term "smart contracts". I should have called them something more boring and technical, perhaps something like "persistent scripts".
>
> 1:21AM-Oct14,2018@VitalikButerin

而他現在所寧願採用的概念,「Persistent Scripts」(永久腳本),其實就是「不可篡改的代碼」,不是嗎?明明又不智慧也不是合約的東西——弱智代碼也可以永存、不可篡改,但顯然不可能因為它永存不可篡改就變智慧了。在精神層面上,**樸素**更是良好特質。

9

EOS 比以太坊的野心還大,中國粉絲們給它取了個好記的名字叫「柚子」,這個譯名有一點小氣哈哈。

反正程式設計師的野心都很大,並且以野心大

為榮——反而在其他領域，人們好像會刻意隱藏自己的野心，也不知道為什麼。

但，EOS 的野心說出來也好像並不是特別新鮮。

如果說，以太坊是一個分散式作業系統，那麼，它是單執行緒的，而 EOS 從一開始就要實現一個多執行緒的分散式作業系統，就好像是 Unix 或者 Windows 之於 DOS 的區別。

比特幣花了十年才出現「質疑它越來越徒勞」的情況，EOS 卻沒這個麻煩。全球的程式設計師們打從一開始，就都很自然而然地關注這個項目，因為它的技術創始人是 Daniel Larimmer（江湖人稱 BM），在此之前，他早就因一系列 Blockchain 產品而聞名，包括 BitShares、Graphene 以及 Steemit。

長達一年的代幣拍賣讓 EOS 成為被攻擊的對象——這也很容易理解。

很多人在抨擊 EOS 是空氣幣的同時，卻私下大幅抄襲 EOS 代碼，也不知道這是什麼套路？在我看來，其實 EOS 最大的風險在於它的共識演算

法，也就是 dPoS（這也是 BM 的發明）。這個演算法是否經得起時間的考驗呢？我們只能拭目以待，時間自有它的判斷。

為什麼現在 2018 年年底，EOS 最大最紅的應用是骰子遊戲呢？因為由於代碼公開不可篡改的特性，其他的很多遊戲它其實根本沒辦法實現！以太坊解決不了的一些問題，EOS 其實也解決不了。

還有另外一個原因：這兩個「分散式操作系統」有著一樣的局限——它們都無法與外界直接溝通。

10

一提起比特幣、區塊鏈，人們就會反覆使用一個詞：「顛覆」。

雖然這是很容易讓人興奮的詞彙，但實際上，比特幣和區塊鏈到現在似乎沒有成功顛覆過什麼……有嗎？請舉例。

退而求其次，以太坊倒是差一點成功顛覆了證券市場。

以太坊的「智慧型合約」（我們當然知道這個

詞彙不夠樸素，所以以後會更常使用「可信代碼」）雖然應用場合有限，但很快有一個場合被挖掘出來並迅速廣泛使用：

▎ 使用智慧型合約發行代幣。

後來人們發現「代幣」這一個詞有法律、政策上的風險，於是掩耳盜鈴，使用另外一個詞彙，「通證」——大概吧，反正英文詞彙都是 Token。

在此之前，全球範圍內，真正「全球化的證券市場」其實沒幾個，紐約證交所、那斯達克、香港交易所……而中國的上海證券、深圳證券，並沒有全球化的特性。

突然之間，「發行證券」變成了「隨意」的事情，隨之而來的是雨後春筍般的新交易所。突然之間，紐約證交所、那斯達克、香港交易所被解構了，它們面臨的是「降維打擊」（降低敵人世界維度的攻擊戰術）。

這的確很「顛覆」。

然而，這次的顛覆卻讓人們看到了另外一面：

缺乏制衡所帶來的最大副作用是，犯罪成本太低。

在騙子橫行的世界裡，牛熊交錯的期間，最吃虧的是那些埋頭做事的團隊。幣價高的時候，他們也沒想著「套現」；熊市到底的過程中，融資資產嚴重縮水，但各種成本不會跟著「熊」下去，所以他們只能眼睜睜看著騙子們過好日子，而自己卻沒辦法過冬，於是關門大吉——更令人唏噓的是，這樣的團隊常常被冤枉成「真實的騙子」，說實話也怪不得誰。

各國的法律、法規陸續在跟進，對 ICO 不再隨意處之，就好像中國人把**代幣**的名稱更新為**通證**，美國人也識相地把 ICO 更新成 STO 了。

11

問題，分為兩種，真問題和假問題。另外一個說法是一樣的：需求，分為兩種，真需求和假需求。

解決方案，也有真假之分。例如，把「交易確認時間從 10 分鐘提高到 2.5 分鐘」就不是真解決方案。

一個真問題，常常並不只有一個真解決方案。

比如，為了確保分散式網路的正常有效運轉（問題／目的），就需要有一個共識機制（方案／手段），可實際上，共識機制有很多種，比特幣用了 PoW，EOS 用了 dPoS。

所謂的創新，關鍵在於是否真的解決了真的問題。如果已有真的解決方案，那麼，創新還代表著要比現有的解決方案更有效率。

區塊鏈紅起來的時候，各種「新的共識機制」如天女散花一般灑落，反正，到最後，26 個字母都用光了（從 PoA 到 PoZ），不過，這些五花八門的共識機制本身是否是創新呢？基本上都不算是創新，它們並未更有效地解決真問題，甚至，還創造了很多新的麻煩。

12

其實，實現不可篡改、公開透明的「可信帳簿」，有很多種方式。Blockchain 只是其中一種而已，利用**有向無環圖**原理（DAG）其實也可以。

IOTA 也許是這領域第一個廣為人知的嘗試，只不過開發進度比蝸牛還慢——但似乎這個慢，也不妨礙它的價格在牛市裡漲得比誰都快。

而實現「不可篡改的代碼」，也有很多方法。像以太坊和 EOS 那樣直接把代碼寫進 Blockchain 是一種，使用**可信執行環境**（TEE）則是另外一種有效方案。可信執行環境（Trusted Execution Environment）並不是新鮮概念，看 Wikipedia 就知道，第一個 TEE 標準是 2010 年的時候提出的。

那麼，如果把 DAG 和 TEE 結合起來，是否會有意義呢？

所謂的有意義，無非是：

- 要不是真的解決了真問題。
- 就是真的比其他更有效率。

Mixin 就是這樣一個基於 DAG 和 TEE 的電子帳簿系統。

跟 Vitalik Buterin 心裡想要坐大作業系統，但所做的有意義的事情是實現了可信代碼差不多，馮

曉東（Cedric Fung）最初發狂要做的，跟最終他實現的震撼沒有什麼關係，他最初只是想要做一個基於區塊鏈技術的應用程式，即時聊天工具——現在的 Mixin Messenger。

然而，無論是單執行緒的以太坊還是多執行緒的 EOS，實際上都無法滿足即時通訊工具的高性能要求，於是，只能自己做出一套系統。幾經演化，Mixin 測試網於 2018 年 10 月上線進入第一測試階段。開始測試的時候才發現，這個網絡很可能也同時是一個高效率的去中心化交易平台——於是，ocean.one 提前上線並開始測試。

基於 DAG 的效果是：

記帳效率極高，高到沒必要去強調 TPS（Transaction Per Second）的地步，直接可以滿足物聯網通訊層級級別的應用。

基於 TEE 的結果是：

既然可執行環境是可信的，那麼在裡面運行的

> 代碼就可以是公開透明的，無法「暗中」修
> 改，所以，相當於是用另外一種方式解決了
> 「代碼可信問題」。

這個解決方案的好處是，在大幅提高效率的同時，並沒有像 dPoS 那樣「從只依賴電腦退化到部分依賴人」；同時也不像 PoW 那樣，成本不僅高昂而且會隨著時間的推移呈指數型上漲。

我認為這樣看來，Mixin 的解決方案可稱得上是創新。

13

Mixin 的解決方案再修改一下，就是我以前所說的「無幣區塊鏈」（Coinless Blockchain）。不過，由於使用的是 DAG，而不是 Block-chain，所以，再稱之為「無幣區塊鏈」就不精準了。

至於最終叫什麼並不重要，重要的是，它是一**個相對極低成本、極高效率的分散式不可篡改公開透明資料庫。**

這個名稱尚待確定的項目（備用功能變數名稱 drw.one、databaserw.com、rwdfog.com 以及 heng. xin），將於 2019 年年初啟動測試網路，以非商業性質營運。

長期以來，我有個結論：

這種不可篡改的電子帳簿，最大的應用領域是公共事務。

絕大多數人一生習慣在概念混亂的世界裡生存，所以，頭腦裡概念一向混亂的他們，一提公共事務，就以為只有政府才會去做公共事務，但實際上，有大量的公共事務需要被管理、結果實際上卻在政府管轄範圍之外，先前提到的出生證明就是其中一個例子。

再例如，如果說學歷證明是政府多少會參與管理的公共事務，那麼工作簡歷呢？這明顯最後還是公共事務，那你見過地球上哪一個政府去管理嗎？

這個社會，這個世界，需要一個極低成本、極高效率的，不可篡改的，公開透明的資料庫。

14

數位資產（無論是基於區塊鏈的，或者基於其
他什麼解決方案的）規模只會越來越大。

支付，一直都是很大的市場。保守估算，支付
是 GDP 的五、六倍以上。

當數位資產的交易與支付無所不在之時，到最
後，最大的「應用」，只能是交易平台——不管是
中心化的還是分散式的。

有一個普遍的謬誤：**公開透明，不一定非要用
分散式（或者說去中心化方式）的方法**。任何一個
中心化的結構、組織，都可以主動採取公開透明的
方式，只不過，在很多時候「自證清白」幾乎是不
可能完成的任務。

然而，考量到效率，分散式只能是「退而求其
次」或者說「兩害相權取其輕」的方式。

長期來看，一切與法定貨幣（Fiat Money）打
通交易對 * 的數位資產交易所，只能在合法框架中運

---

* 由兩種不同的數字貨幣構成，當你擁有其中一種時，就可以透
  過該交易對交易另一種貨幣。

行，而這些合法的交易所，也一定是規模最大的——因為法定貨幣交易對永遠佔據最大的交易量。

分散式交易平台雖然有其天然的優點，其局限也非常明顯：最大交易量永遠不在那裡，並且，在那裡常常缺乏有效的法律制約。

15

區塊鏈應用什麼時候爆發？

這個問題的意義何在？既然 Blockchain 只是實現手段，目的是創造一個不可篡改的公開透明的資料庫，那麼請問，「區塊鏈應用什麼時候爆發？」和「資料庫應用什麼時候爆發？」這兩個問題之間的差別是什麼？

理論上，這應該是個特別漫長的過程。

你沒看到很多公司到今天為止，還在使用紙跟筆版本的帳簿嗎？——請問，資料庫技術是否早就成熟了？

不可篡改的資料庫（RWD）技術，實際上早就是成熟的了，至於這樣一個應用場合並非全面通

用的技術，到底什麼時候會被大面積使用，只有時間才有答案，至於時間什麼時候給你答案，看它心情吧。

16

區塊鏈並不神奇，它只是實現不可篡改公開透明資料庫的一種技術解決方案。

它就是很新，以至於需要人們花很長時間去理解去接受。回想一下過往二十年裡，「網際網路」被人們逐漸接受的過程吧，一樣地——就是需要**很久很久**才會被自然接受。在這個很久很久的過程中，出現過很多詭異的現象，例如，「IP 電話」以及冤死了的福州陳氏兄弟，「戒網」以及那個「惡魔」一般的存在，楊永信。*

不可篡改公開透明資料庫（RWD）也不是萬

---

* 陳氏兄弟是中國 IP 電話的先驅，以國際長途電話每分鐘 4.8 元（市價約 28 元）轟動市場，而後官司纏身下落不明；楊永信是臨沂網路成癮戒治中心主任，其中以不人道的治療臭名昭彰。

能——之前舉過例子，連想要弄出一個德州撲克遊戲都不太適合。

最重要的是，這種技術、這種資料庫一定是開源的，因為不開源就根本沒人相信它——所以，這個東西很難成為一種「壟斷技術」。

17

不可篡改的資料庫（RWD）為什麼是大趨勢呢？因為當前幾乎所有大方向都可能要以這個東西為基礎。

第一，**大數據**。如果你沒有一個不能篡改歷史記錄的資料庫，你那些資料都會是亂七八糟沒有清洗過，而別人可以隨便改的，請問大數據從何談起？我們今天看到的深度學習、AI 都是基於大數據。

第二，**共享經濟**。共享經濟就是：把過往經濟體經濟利益的分配再分配一次，以更合理的方式進行分配。你用了叫車程式，人家說此處塞車，是不是真的塞車你也不知道，所以叫車程式報給你需要

2.5 倍的溢價，你就只能接受；而另外一端有一個司機看到手機說，附近有一個使用者 1.7 倍溢價叫車你同意不同意，他除了同意沒有其他選擇，就選擇同意了，中間那部分去哪了？不知道。AI 還會「坑殺熟客」，你常常 2.5 倍溢價叫車，大數據就知道你是金主，能 2.6 倍就不會給你 2.4 倍。如果有一個不能篡改歷史記錄的公開資料庫存在的話，那麼我們今天就可以更有效地提高社會效率，這不是很簡單的事情嗎？

第三，**物聯網**。物聯網也是基於大數據的，物聯網真的需要一個不可篡改歷史記錄的資料庫。我曾經舉過一個例子，未來在感應器高度發達，到處都是感應器的世界裡面，你家的洗衣粉可能是洗衣機下單的，而不是你下單的，你給洗衣機綁定信用卡，洗衣機就會自動下單，這是未來生活的世界。但有一天這個資料庫被人篡改了，因為沒有一個不可篡改的資料庫，結果你有天早上起來開門，門口來了一大卡車的洗衣粉，而且已經結帳了！是不是很可怕？

18

未來是機器的世界。

當人們還在擔心「人口爆炸」、「資訊爆炸」的時候，機器早就爆炸了。

剛剛已經爆炸過的是各種計算設備，從桌上型電腦到筆記型電腦，到行動裝置，到人手至少一個的行動裝置……正在爆炸過程中的是各種感應器——它們的數量早就遠遠超過了地球人口總量，並且增長的速度比人類生殖的速度快多了。

機器的世界裡，資料傳輸和價值傳輸是同一件事，而且一定比人類使用的貨幣資產高出許多個量級，直至人類所使用的資產可以被忽略不計……

很多今天被當作寶貝使用的演算法，實際上是 20 世紀四、五〇年代的產物。那個時候的科學家們早就知道這些演算法的厲害，但局限於當時的環境——是什麼因素制約了它們？運算能力（Computing Power）。今天你隨手扔進抽屜不再開機使用的上一代手機，放到六、七十年前，可能相當於好多台「超級電腦」呢。

很快，無所不在的機器們，不僅有感知能力，還因為運算能力的不斷增加，開始擁有越來越強的分辨能力（人臉識別、形體識別就是例子）和決策能力……到最後，很可能人類只會剩下「談戀愛」這件事可以拿來鄙視一下機器了。

　　想像力已經不夠用了。

　　幸虧，支持這些機器運轉的是不可篡改的資料庫，不然，世界真的不知道是哪種樣子了。

　　　　　　　　　　　　　　　　（全書終）

一起來　思 028

韭菜的自我修養：笑看主力陷阱的散戶防割指南
The Self-cultivation of Leeks

作　　　　者　李笑來
主　　　　編　林子揚
編 輯 協 力　吳昕儒

總　編　輯　陳旭華 steve@bookrep.com.tw
社　　　長　郭重興
發 行 人 兼
出 版 總 監　曾大福
出 版 單 位　一起來出版／遠足文化事業股份有限公司
發　　　行　遠足文化事業股份有限公司 www.bookrep.com.tw
　　　　　　23141 新北市新店區民權路 108-2 號 9 樓
　　　　　　電話｜ 02-22181417　傳真｜ 02-86671851
法 律 顧 問　華洋法律事務所　蘇文生律師

封 面 設 計　林采瑤
內 頁 排 版　宸遠彩藝
印　　　製　通南彩色印刷有限公司
初 版 一 刷　2021 年 12 月
定　　　價　360 元

I S B N　9786269501441（平裝）
　　　　　　9786269501489（EPUB）
　　　　　　9786269501465（PDF）

國家圖書館出版品預行編目 (CIP) 資料

韭菜的自我修養：笑看主力陷阱的散戶防割指南／李笑來著 . -- 初版 . -- 新北市：一起來出版：遠足文化事業股份有限公司發行 , 2021.12
　　面；　公分 . --（一起來思；28）

ISBN 978-626-95014-4-1(平裝)

1. 股票投資

563.53　　　　　　　　　　　　　　　　　　　　　　110016609